मुट्ठी भर राख

डॉ. रामसमुझ मिश्र 'अकेला'

अंजुमन प्रकाशन

Title : Mutthi Bhar Raakh
Author : Dr. Ram Samujh Mishra 'Akela'
Published By-
Anjuman Prakashan
942, Mutthiganj, Prayagraj, 211003
www.anjumanpublication.com
anjumanprakashan@gmail.com

Price in India: 250/-
Printed and bound in India.
First published by Anjuman Prakashan in 2025

Cover & Typeset by Anjuman Prakashan

ISBN : 978-81-19562-76-3

मैं अपना यह चौथा काव्य सुमन अपने दीक्षागुरू
काशी सुमेरू पीठाधीश्वर जगतगुरू शंकराचार्य
नरेन्द्रानंद सरस्वती को समर्पित करता हूँ।

चौथा काव्य सुमन यह गुरूवर! अर्पित तेरे हाथ।
ऐसा दें आशीष कर सकूँ श्रम से ऊँचा माथ।।
सर्जक--- डॉ0 रामसमुझ मिश्र अकेला

कवि-परिचय

नाम : डॉ. रामसमुझ मिश्र, उपनाम : अकेला
पिता एवं माता : स्व. शिवदर्शन मिश्र एवं स्वर्गीया श्रीमती कांती मिश्रा
जन्मभूमि : उमापुर, लालगंज, प्रतापगढ़ (उ. प्र.)
जन्मतिथि : 01 जनवरी 1964
शैक्षिक योग्यता : एम. ए., बी. एड्., पीएच. डी., बी. जे.
सम्प्रति : प्राचार्य, राजकली रमाशंकर शुक्ल पी. जी. कालेज, मोठिन, जलेसरगंज, प्रतापगढ़ (उ. प्र.)
पत्रकारिता : दैनिक पत्र हिन्दुस्तान, नवजीवन, अमर उजाला, राष्ट्रीय स्वरुप, लोकमित्र, पंजाब केसरी में सेवा का अनुभव।
संयोजक : भाजपा सांस्कृतिक प्रकोष्ठ, प्रतापगढ़
प्रबन्धक : हरिओम इण्टर मीडिएट कालेज, उमापुर, लालगंज, प्रतापगढ़।
विशेष सम्मान : तुलसी पीठाधीश्वर जगतगुरु श्री रामभद्राचार्य, श्री काशी सुमेरु पीठाधीश्वर जगतगुरु शंकराचार्य यति सम्राट अनंत श्री विभूषित स्वामी नरेन्द्रानंद सरस्वती एवं मुख्यमंत्री उ. प्र. योगी आदित्यनाथ जी द्वारा सम्मानित।
संस्था सम्मान : कालाकांकर फाउण्डेशन, अवधी मिठास, अवधी मधुरस, हिंद देश परिवार अमेरिका, साहित्य शारदा मंच, सत्य संदेश एक संकल्प, राष्ट्रांगन टीवी, साहित्य भवन संस्थान, निराला साहित्य समूह, सामाजिक दर्पण, काव्य स्पंदन जैसी संस्थाओं से सम्मान-पत्र।

प्रकाशित रचनाएँ :
1- आह (गीत-संग्रह : 1982)
2- रुखसारों पर ठहरे मोती (काव्य-संग्रह : 2021)
3- चल अकेला (काव्य-संग्रह : 2023)
4- मुट्ठी भर राख (2024, आपके समक्ष)
5- अवधी-काव्य-संग्रह 'सींकर' प्रकाशन-प्रक्रिया में
विशेष : काव्य-संग्रह 'रुखसारों पर ठहरे मोती' का विमोचन मुख्यमंत्री योगी आदित्यनाथ द्वारा किया गया।

काव्यानुक्रम

किसानी कवि-चेतना का वाक्-विस्फोट : 'मुट्ठी भर राख' - 09
चित्त गवाक्ष - 15

काव्यानुक्रम
1. सरस्वती वंदना - 19
2. संकल्प लें - 20
3. आय गयो ऋतुराज - 21
4. सखी सब ताना मारें - 22
5. चलो खेलें होली - 23
6. सर्व समर्पण का व्रत लें - 25
7. माटी मेरे वतन की - 26
8. ब्राह्मण वीर शिरोमणि-दाहिर सेन - 28
9. तितली के पर टूट गये - 29
10. दहक रहा अंगारा उर में - 30
11. इससे बड़ा न भ्रम कोई - 31
12. थी तुम कैसी मेरी माँ - 33
13. नित दरिया सी बहती माँ - 34
14. राम तेरी जय हो - 35
15. हर कोई छल रहा यहाँ - 37
16. फूल - 38
17. जग अंतस निर्मल कर दो - 39
18. यह तन बस मुट्ठी भर राख - 41
19. मुट्ठी भर हैं राख सिर्फ हम - 42
20. दीपावली - 43
21. गढ़ते हैं दीपक जो हाथ - 44
22. याद आती राम की - 45
23. हम तुम दीपक बाती होते - 47
24. बंजर दिल की उम्मीदें - 48

25. ग़ज़ल - 49
26. यह कैसी परिपाटी - 50
27. बदलें चलो कलेण्डर अपना - 52
28. नया वर्ष तेरा अभिनंदन - 54
29. विदूषक (जोकर) - 55
30. गणतंत्र दिवस - 56
31. लक्ष्मण की कृतज्ञता - 58
32. मेरा प्यारा ध्वजा तिरंगा - 60
33. साहस सीमा पार सफलता - 61
34. हर अधर मुस्कान है - 63
35. अनुबंध - 64
36. यादें - 65
37. पुलवामा के वीर शहीदों - 66
38. माँ मंद-मंद मुस्काती है - 67
39. ग़ज़ल - 68
40. क्या दोगे तुम साथ हमारा - 69
41. होता है परिणाम सुखद - 71
42. जमुन तट खेलैं होरी मुरारी - 73
43. आओ नूतन वर्ष वसंती बेला है - 74
44. बचपन - 75
45. क्या कोई समझौता है - 76
46. कलरव - 77
47. याद तुम्हारी आयी माँ - 79
48. अंतर्मन का खोल किंवाड़ - 80
49. मुस्काने वालों से बचना - 81
50. क्या मन में है बम भोले - 82
51. साथ निभाना साथिया - 83
52. प्रकृति-दोहन - 84
53. आओ पर्यावरण बचायें - 85
54. माता-पिता-देव प्रत्यक्ष - 87
55. गणेश-वंदना - 88

56. शिव ही हैं जग के आधार - 89
57. शिव-शिव बोल ज्ञान-पट खोल - 90
58. माँ वसुन्धरे - 91
59. शिव की शक्ति अपार - 92
60. जाहिल पाक - 93
61. जिन्ना तैने गजब पटाया - 95
62. अंधे थे धृतराष्ट्र संग सब - 96
63. कहाँ थे अब तक रामलला - 98
64. जीवन-अर्घ्य चढ़ाऊँगा - 100
65. धड़कन बढ़ा दिया - 102
66. बहस करें क्यों पी. ओ. के. पर - 103
67. हर जगह बैठे लुटेरे - 104
68. वर्षा ऋतु - 106
69. प्रलयंकर जय हो तेरी - 107
70. ऐ मौत थोड़ी ठहर जा - 108
71. माँ की आशीष दौलत - 109
72. मेरे वतन तुम्हें नमन - 110
73. संस्कार - 112
74. लाखों शीश झुकायेंगे - 114
75. धन्य त्याग तप तेरा शबरी - 116
76. माटी के बोल - 118
77. भरत भ्रात आता होगा - 119
78. चाँदा समर - 121
79. माँ गंगा - 126
80. श्रीराम अयोध्या आयेंगे - 127

किसानी कवि-चेतना का वाक्-विस्फोट : 'मुट्ठी भर राख'

गीत की दुनिया में प्रारम्भ से ही साँस लेने का अवसर मिला है तो गीत की दुनिया बहुत आत्मीय-सी लगती है। पहले कविता का अर्थ ही यह होता था गीत और छन्द में लिखना। कवित्त, सवैयों, दोहों, चौपाइयों और हिन्दी के अनेक महाकाव्यात्मक छन्द जाने-अनजाने कानों में रस घोलते रहे हैं। आज मंचों पर मुक्तकों का जमाना है। कोई कवि मुक्तकों से अपनी बात शुरु करता है कि जैसे वह अपने पाठ की पीठिका जमाना चाहता है। कविता की यह दुनिया धीरे-धीरे अपने वैचारिक संसार की ओर अग्रसर होती गयी और मुख्यधारा की कविता से गीत या छंदों का लगभग अलगाव होता गया। तथापि 75 से 85 तक का दौर नवगीतों के उत्थान का था, जिनकी आधार-भित्ति में गीतों का अपना वर्चस्व रहा है, लेकिन मुख्यधारा की कविता से विरत होकर भी सप्तकों में गीत के कवियों को अज्ञेय ने शामिल किया, क्योंकि वे मानते थे कि गीत केवल लयबद्ध होने के कारण त्याज्य नहीं हैं यदि उनमें नये शिल्प, स्थापत्य, भाव और संवेदना व विचार की अन्विति है।

गीत को लेकर हमारी काव्य-परम्परा में सदियों से चिंतन-मनन और विवेचन होता रहा है। हमारा सारा काव्य छन्द में ही अनुस्यूत है। हमारी कवि-परम्परा के लगभग सभी कवियों में छन्द के प्रति अटूट आस्था रही है। हमने महाकाव्य और प्रबन्ध-काव्यों का युग देखा है, जिनमें युग की सनातनता का बोध होता है। धीरे-धीरे आधुनिकता का हमारे ऊपर प्रभाव पड़ता गया, तब उसी तरह से हमारी संवेदना नये-नये रूपों में अभिव्यक्ति के लिए प्रस्तुत होने लगी। हिन्दी की मुख्य कविता धारा आज गीत, छन्द और कविता की ओर नहीं, बल्कि नई कविता की राह पर चल पड़ी है और पिछले लगभग छह-सात दशकों से गद्य कविता एक तरह से हिन्दी-कविता की मुख्यधारा मान ली गई है, लेकिन कहें कि उसके समानांतर आज के समय में छन्द का बोलबाला घट गया हो, ऐसी बात नहीं है। आज भी कविता का शिष्ट समाज गीत को आदर देता है। नवगीत के आन्दोलन ने नेपथ्य में जाते हुए गीत को पुन: चर्चा में ला दिया तथा छन्द और गीत आज भी कविता की वाचिक परम्परा में प्रमुख स्थान रखते हैं। उन्हें सुननेवाले पूरी आसक्ति से सुनते हैं, क्योंकि गीत में व्यक्त अनुभूति सीधे हृदय में प्रवेश कर जाती है; जबकि कविता के लिए एक तरफ से विचारों की दुनिया में प्रवेश करना पड़ता है। ऐसा नहीं है कि गीत विचारहीन

होकर लिखे जाते हैं, बल्कि उनमें वैचारिक आग्रह कम, संवेदना का धरातल ज्यादा उन्नत होता है।

प्रतापगढ़ की धरती रत्नप्रसून है। अवध का यह खाँटी इलाका अपनी अनेक किंवदन्तियों के लिए जाना जाता है। न सौ पढ़ा न एक परताबगढ़ा। वहीं से मैं भी हूँ, लेकिन ऐसी किंवदन्तियां प्राय: लोक में अहंकार से भरकर निर्मित की जाती हैं। लोक में जो मुहावरे एक बार चल गए वे ब्रह्मलीक हो गए। प्रतापगढ़ एक पिछड़ा जिला है। अनेक जातियों के लोग यहाँ रहते हैं। अपनी 'गरबीली गरीबी' के वैभव को जीते हुए। यहाँ अनेक विभूतियाँ जन्मीं और अभावों और गुरबत के बीच परवान चढ़ीं। लिखने-पढ़ने की दुनिया में अनेक नामचीन लोग यहाँ से हुए। 'पाही घर' के अमर लेखक कमलाकांत त्रिपाठी यहीं जन्मे। आद्याप्रसाद 'उन्मत्त' ने अवधी-काव्य को शिखर पर पहुँचाने का काम प्रतापगढ़ में रहकर ही किया। जुमई खां 'आजाद' की लोक कविताएँ लोगों की जबान पर होती हैं। यहीं के रहनेवाले मत्स्येंद्र शुक्ल ने इलाहाबाद में रहकर जन-कविता का झंडा फहराया, कवि और समालोचक के रूप में समादृत हुए। यहीं से डॉ. ललित शुक्ल उभरे और दिल्ली में रहकर प्रभूत साहित्य-लेखन किया। नयी पीढ़ी के मजबूत कवियों में देवीप्रसाद मिश्र हिन्दी के प्रखर वैचारिक कवि माने जाते हैं और प्रतापगढ़ के ही राजमूर्ति सिंह 'सौरभ', अनुज नागेंद्र, अनीस देहाती, निर्झर प्रतापगढ़ी, परवाना, दीपक रूहानी आदि माँ भारती की अथक सेवा में संलग्न हैं। कविता, शायरी, गीत, दोहे और कथा-संसार में प्रवृत्त प्रतापगढ़ के मनीषियों की गाथा लिखने के लिए एक बड़ा आयाम चाहिए।

प्रतापगढ़ के इसी उर्वर क्षेत्र के कवि हैं डॉ रामसमुझ मिश्र 'अकेला'। वे बहुगुण सम्पन्न और विनयी कवि-गीतकार हैं। परिश्रमी अध्यापक और छात्रों के प्रिय गुरु जी, लेकिन शुरु से ही उनमें काव्य-प्रवृत्ति का उन्मेष हुआ तथा कविता की दृष्टि से ये इलाका उर्वर भी है। हमारी आलोचना की निगाह इन जनपदों के बसे कवियों के काव्य पर नहीं जाती । राजधानियों और साहित्यिक केन्द्रों के कवियों की ओर निहारकर मग्न और अभिभूत होती रहती है, लेकिन यहाँ अवधी में सैकड़ों जनकवि हैं, जिनमें कई एक की प्रतिभा पद के मामले में और जन-काव्य के मामले में बस्ती के अष्टभुजा शुक्ल से कम नहीं है। मुझे प्रतापगढ़ के साहित्यिक परिप्रेक्ष्य पर लिखे पूर्णिमा मिश्रा, डॉ. डी. पी. ओझा एवं दीपक रूहानी के एक संयुक्त शोधग्रंथ को पढ़कर मालूम हुआ कि केवल आद्याप्रसाद 'उन्मत्त' जी ही नहीं, जुमई खां 'आजाद' ही नहीं, बल्कि गाँव-गिराँव में रहनेवाले विजयबहादुर 'अक्खड़' जैसे कवि भी हैं, जिनके पद को देखकर जीवन यथार्थ

से मुठभेड़ करनेवाली उनकी कवि मुद्रा ध्यान में आ जाती है। हमहूँ अबकी परधान होब– क्या खूब रचना है। राम समुझ मिश्र 'अकेला' जी ने इसी कवि-परम्परा के अनुरूप अपने काव्य का पथ प्रशस्त किया है। मैं उनके कविता-संग्रह 'मुट्ठी भर राख' का स्वागत और अभिनन्दन करता हूँ।

अकेला जी के इस काव्य का आयाम बड़ा है। क्षितिज बहुवस्तुस्पर्शी है। इनमें लोक की अन्तर्ध्वनियाँ हैं, कटाक्ष है, गहरी लयात्मकता है। छन्द में निष्णात अकेला जी के काव्य को पढ़ते हुए हमारी कवि-परम्परा के एक लम्बे पथ का भान हो उठता है। हम सब इसी भू-भाग में जन्मे, पले-बढ़े और अपने-अपने अभावों को अपनी कविताओं में उकेरने का यत्न किया है। माँ भारती अपनी सेवा का गौरव और अवसर सबको नहीं देतीं। जिस पर उनका अनुग्रह रहता है, वही उनकी सेवा-टहल करता है, वही उनका उपासक होता है। लगभग तीन दशकों का अथक रचनात्मक उद्यम रहा है अकेला जी का। वे गुट, दल और समूहों से अलग अपनी कुटिया बसानेवाले कवियों में हैं। बिल्कुल शतीपुरुष लेखक रामदरश मिश्र की तरह यह कहते हुए कि 'गाता रहूँगा गीत मैं सुनिए कि न सुनिए'। अकेला जी इसी भाव से कई दशकों से उमापुर के एकान्त में गाते-गुनगुनाते रहे हैं और अपनी 'गरबीली गरीबी' के उजाले में गौरव की अनुभूति करते रहे हैं।

'मुट्ठी भर राख' मात्र एक कविता-संग्रह नहीं है, वह जीवन का भाष्य है। एक पुरबिहा कवि का आत्मकथ्य, लेकिन उनके आत्मकथ्य में समाज का कथ्य, जीवन का कथ्य, हर आम आदमी का कथ्य सन्निहित है। इन रचनाओं में उनका स्वाभिमान भी पग-पग पर बोलता है। सरस्वती का वरद पुत्र प्रकृति से ही स्वाभिमानी होता है। वह हर जगह शीश झुकाता नहीं फिरता, उसका धूप-दीप-नैवेद्य माँ भारती और उनके योग्य पुत्रों के लिए ही अर्पित होता है। लो उठो उपहार पूजा का सम्हालो की मुद्रा में वह शब्द की महिमा का गान करता है इस उत्तरदायी अभिव्यक्ति के साथ कि 'यही उत्तराधिकार मिला, यही देंगे। अकेला जी अपने कवि के कार्यभार और उत्तरदायित्व से अवगत हैं तथा सतत नयी से नयी काव्यभूमि की तलाश में रहते हैं।

डॉ. रामसमुझ मिश्र 'अकेला' ऐसे कवियों में है जिनके पास छन्द का सुदृढ़ आधार है। एक लम्बे अरसे से वे कविता की वाचिक दुनिया में हैं, मुक्तक और गीत-प्रगीत लिखते रहे हैं तथा मंचों पर उसे चाव से सुनाते रहे हैं तथा उनके भीतर ओज की एक उदात्त धारा भी प्रवाहित रही है किन्तु 'मुट्ठी भर राख' के गीतों-प्रगीतों में जिस तरह उन्होंने संवेदना की भागीरथी बहायी है वह आज के समय में विरल आस्वादन का परिचायक है। उनकी काव्य-भूमि में प्रेम और श्रृंगार का प्रभुत्व है तथापि गीतकार स्वभाव से ही प्रकृति

और कुदरत के नजदीक होता है। उसके अनुभव अनुभूति और अभिव्यक्ति में प्रकृति और कुदरत से तादाम्य भी बहुत ही सरलता से दृष्टिगत होता है। हम अपनी परम्परा के कवियों की ओर दृष्टिपात करें तो पायेंगे कि कवियों के भीतर खासकर छन्द के कवियों में कुदरत का सघन साहचर्य मिलता है। यही वजह है कि अज्ञेय ने प्रकृति की कविताओं का 'रूपाम्बरा' नाम से एक संचयन ही प्रकाशित किया था, जिसमें मौसम, प्रकृति, ऋतु, झील, झरने, सागर, नदी, बाग-बगीचों, गाँव और देहात को लेकर बेहतरीन कविताएँ संकलित हैं। ओंकार त्रिपाठी के अनेक गीतों की भाव-भूमि में भी कुदरत का बहुविध सौंदर्य समाया हुआ है।

'मुट्ठी भर राख' के गीतों की अपनी छलकन, अपनी धड़कन है। ये गीत हमें पुराने गीतों की दुनिया में ले जाते हैं। जब गीतों की एक अपनी ही दुनिया हुआ करती थी। श्रीकांत जोशी का वह प्रसिद्ध गीत 'गीत अधर पर सुधि सिरहाने' ऐसा ही गीत था जो गीत की एक सम्यक् परिभाषा-सा जान पड़ता था। गीतों में हमारी स्मृतियाँ ज्यादा जीवन्तता से प्रकट होती हैं। ''माटी मेरे वतन की चन्दन से नहीं कम है/ ऐ देश मेरे भारत तुझको मेरा नमन है।'' क्या खूबसूरत कथ्य है इस गीत का। यह गीत जैसे कवि की रचनाप्रक्रिया ही नहीं, उसके पूरे कवि व्यक्तित्व का साक्षी है। इस कवि का पूरा मिजाज देशभक्ति और मिट्टी की महिमा के गान से भरा है। वह बालियों, फसलों, चिड़ियों, गिलहरियों से प्यार करनेवाला कवि है, लेकिन इस कवि की रचनाओं में जीवन की वास्विकताएँ भी साँस लेती हैं। दहक रहा अंगारा उर में– कविता इसी मनोवेग और जीवन यथार्थ का पर्याय है। कवि लिखता है-

मेरी पीर कलम पथ उतरी जब कागज के पन्नों पर।
तब लोगों ने जाना कैसे दहक रहा अंगार उर में।

स्वप्न सँजोये मैं आँखों में बैठे-बैठे सोया था।
बच्चे का इच्छित पालन न कर पाने पर रोया था।

सपना था आ पुत्रवधू भर देगी खुशियों से आँगन।
मेरे घर में भी उतरेगा त्योहारों के संग सावन।
लाख किया कोशिश, ना पाया पकड़ सुखों की मैं टहनी,
तब लोगों ने जाना कैसे कसक रहा फव्वारा उर में।
दहक रहा अंगारा उर में।

अब यही हाल सारी दुनिया का है। भारत जो संयुक्त परिवारों का समूह आज भी माना जाता है, सारे सुख-दुख साथ रहकर सहे जाते हैं वह सपना अब दरक रहा है। परिवार टूट रहे हैं। बुजुर्ग 'ओल्ड एज होम' या दुखद एकान्त के हवाले किये जा रहे। कभी मुनव्वर राना से बातचीत में मैंने पूछा था- "राना जी ये माँ पर शायरी का अतिरेक आपके यहाँ क्यों दिखता है ? एक जज्बाती किस्म की चेतना से आपकी ग़ज़लें लैस हैं।" उन्होंने कहा था- "ओम जी मेरी शायरी ओल्ड एज़ होम के खिलाफ एक ऐलाने-जंग है। अकेला की कविता में दिनों-दिन बदल रहे पूरे समाज का प्रतिबिम्ब मिलता है। यह आज की सामाजिकी और आधुनिकी है। माँ पर अकेला ने भी कई मार्मिक कविताएँ लिखी हैं और माँ के कठिन श्रम और बलिदानों को याद किया है। एक अर्थ में वे भी जज्बाती कवि हैं। भावुक कवि हैं। जरा सी ठेस उनके कवि को विचलित कर देती है।

अकेला के भीतर भारतीय संस्कार हैं, वे धार्मिकता से ओतप्रोत कवि हैं। यद्यपि धार्मिकता में तमाम कर्मकाण्ड निहित हैं जिनका समर्थन करना आज के दौर में युक्ति-सम्मत नहीं है पर अकेला की आस्था आज भी उस धर्म पर है जो सद्धर्म है। पर यही धर्म हमारे जीवनावरोधों का कारण भी है। वे राम की जय बोलते हैं, किन्तु इस छलनामय संसार की निन्दा भी करते हैं। 'हर कोई छल रहा यहाँ' शीर्षक रचना इस समाज का एक ज्वलन्त क्रिटीक है। वे बार-बार इस स्वार्थरत संसार की आलोचना करते हैं। 'मुट्ठी भर राख' सिर्फ हम– उनकी इसी वेदना का काव्य है और इस वस्तुस्थिति का ज्ञापन भी कि हम सभी महज मुट्ठी भर राख हैं, इसके सिवा कुछ नहीं। यहाँ वे पिण्डदान और पौरोहित्य और महाब्राहमण को खुश करनेवाली संस्कृति पर चोट भी करते हैं। मतलबी पुत्र और परिजनों को भी निन्दित करते हैं। क्या खूब कटाक्ष है अपने ही समाज पर। यह पद देखें–

भले माँगने पर न लाया चाट कभी माता को।
बोरी ओढ़ काट दी बरखा, तरसा पितु छाता को।
आज वही छाता तेरही में मानदान को मिलता।
देकर खुश होता है बेटा मन सरोज है खिलता।
मुँह तक नहीं देखने आया बाप बहुत मचला।
यह तन बस मुट्ठी की राख।

अकेला के संग्रह में प्रगीतों और गीतिकाओं की संख्या अच्छी-खासी है। स्थायी और अन्तरा से मिलकर बननेवाले गीत भी हैं, लेकिन उन्होंने अपने को विधाओं और

शैलियों के प्रति मुक्त रखा है। जैसी स्थिति-परिस्थिति, भाव-विभाव-अनुभाव, वैसे ही पद-संरचना। यहाँ त्यौहार की खुशियाँ हैं, दीपावली का उजास है, राम-नाम की महिमा का गायन है, विदा होती बेटी के प्रति वेदना से भरा गीत है, नये साल का अभिनन्दन है, पुलवामा के वीर शहीदों की यादें हैं, होली और फागुन की तहरीरें भी हैं, बचपन की मस्तियों का बखान भी है, पर्यावरण बचाने का गीत भी है, 'कहाँ थे अब तक रामलला' से उलाहना भी है, गंगा का अभिनन्दन भी है।

इतने मन से लिखे गीत हैं कि पढ़कर एक किसान-कवि की आस्था को देखकर चकित रह जाना पड़ता है। आज हमने जो पूँजीवादी दुनिया अपने लिए बनायी है, जिन भौतिकतापूर्ण संसाधनों के बीच हम रहने के अभ्यासी हो गये हैं, उसमें गीत जैसी कोमल रचना की कोई जगह ही नहीं रही। लोगों के बीच छन्दबोध गायब हो गया है। इसलिए दुनिया अपनी पटरी से उतरी मालूम पड़ती है। यहाँ कहीं जातिवाद है, वर्णवाद है, हिंसा है, बमबारी है या एक देश पर दूसरे देश का प्रभुत्वकारी गतिविधियाँ देखने को मिलती हैं। ऐसे में जिस भारत की संकल्पना में पूरी विश्व वसुधा कुटुम्ब की तरह मानी जाती रही हो वहाँ के कवियों में अभी भी यह समझ शेष है। समष्टि के प्रति उसका प्रेम शेष है। डॉ. अकेला के गीतों से मानवीय रिश्तों को मजबूत धागे में बाँधने का यत्न मिलता है। इन गीतों में जो सम्मोहन है, जो समृद्ध भाव संसार है, जो मन को उत्तरोत्तर पावन करने की क्षमता है, वह अद्भुत है। विनोद श्रीवास्तव जैसी सुधी कवि कहते हैं- गीत हमेशा ही होता है सुधि की भोर/ साँझ की रचना। राम समुझ जी के गीतों में ऐसी ही सुधियों की भोर है और ऐसी संझबाती का अहसास भी। उन्हें इस संग्रह के लिए बहुत-बहुत बधाई और साधुवाद।

स्वतंत्रता दिवस,

15 अगस्त, 2024

ओम निश्चल

नई दिल्ली

।। गं गणपतये नमः ।।

चित्त गवाक्ष

जीवन में जब हर्ष-विषाद, करुणा-दया, उल्लास, मन की पीर अथवा घृणा शब्द का रूप लेकर निश्चित तुक, लय, गति के साथ प्रकट होते हैं, तो उन्हें ही हम कविता, गीत या लोकगीत कहते हैं। कविता या गीत जिस प्रकार कुछ ही पल में अपना प्रभाव मानव-चित्त पर डालते हैं उतना प्रभाव हम घण्टों बोलने पर भी नहीं डाल पाते हैं। काव्य की कुछ विधाएँ हमारी सांस्कृतिक विरासत के रूप में समाज में जानी-पहचानी जाती हैं, जिनका नाम लेने मात्र से ही निश्चित काल, निश्चित पर्व एवं ऋतु का अनुभव स्वत: होने लगता है तथा शरीर एवं मस्तिष्क में उस ओर खिंचाव शुरू हो जाता है। जैसे होली मात्र कहने से उसके विभिन्न स्वरूपों, उल्लासों, पकवानों, रीतियों, गाये जानेवाले गीतों एवं उनके विषयों, पात्रों, महीने तथा उस काल की प्राकृतिक छटाओं का दृश्य अन्त:पटल पर तैर जाता है। प्रकृति में चारों तरफ खिले फूलों, उन पर मंडराते भौंरे, तितलियों का फुदकना, गुनगुनी धूप, गेहूँ की स्वर्णिम बालों का झूमना, सायं चौपालों में होनेवाले चौताल, डेढ़ताल एवं लाचारी तथा कबीरा का ढोलक-मंजीरे के साथ गाया जाना, लोगों का समवेत स्वर में अलापें लेना, वर्ष भर के भेदभाव भुला एक साथ बैठना, देवर-भाभी, जीजा-साली, ननदोई-सरहज जैसे सम्बन्धों की चुहलबाजी, गाँव की भौजाइयों का कीचड़ ले देवरों को चहेंटना, देवरों का मौका पा भाभियों के गालों को रंगना तथा सहमे-सहमे गलियों से गुजरने का चित्र अपने आप मस्तिष्क में बन जाता है।

यही नहीं होली गीतों में समय के परिवर्तनों, सम्बन्धों के हल्केपन, संवेदना के ह्रास, पश्चिमी नग्नता का प्रभाव भी अनुभव किया जा सकता है। शब्द अपने माध्यम से परिस्थितियों को सहेजने में पूर्ण सामर्थ्य रखते हैं। ऐसे ही कजरी शब्द मात्र से ही हम सावन के महीने, रिमझिम बारिस, काले-काले बादलों से घिरे आसमान, रिमझिम पड़ती फुहारों, नीम की डालों पर पड़े झूलों, बहनों के मायके जाने की बेताबी, दुल्हनों

का रास्ता निहारना, माताओं का बेटियों को आनने की अकुलाहट, भाई का घुघुरी लेकर बहन के घर पहुँचने की खुशी, सायं कजरी के माध्यम से मन की पीर को झूला झूलते व्यक्त करने की झलक, गुड़िया के पीटने एवं मेले का चित्र स्वयं बनने लगता है। ऐसे ही कुछ अनुभूति अनेक प्रकार के गीतों के नाम मात्र से की जा सकती है। इस प्रकार हम साहित्य को संस्कृति की अक्षुण्ण धरोहर के रूप में भी स्वीकार कर सकते हैं। गीतों व कविता में वह शक्ति होती है कि वह अपनी प्रस्तुति से सहृदय मनुष्य को रुला सकता है, हँसा सकता है। उल्लास से भर सकता है, क्रोधित कर सकता है, घृणा भर सकता है तथा हृदय में प्यार का संचार कर सकता है। काव्य के द्वारा हम जीवन के विभिन्न संस्कारों का अनुभव शब्द-श्रवण मात्र से कर लेते हैं। जैसे सोहर नाम-मात्र से हम नवजात शिशु की खुशी में परिजनों की मनःस्थिति, उछाह की कल्पना, विवाह गीत, नहछू परछन, गारी, विदाई गीत आदि के नाम से भी उस अवसर विशेष पर होनेवाले क्रियाकलापों एवं दृश्यों की परिकल्पना कर हम झंकृत हो उठते हैं।

कविता हमारे अन्दर राष्ट्रभाव के जन्म के साथ उस पर बलिदान होने को भी प्रेरित करती है तथा मातृभूमि के प्रति समर्पण का भाव जगाती है। कविता समाज में फैली कुरीतियों को आम मनुष्य के सामने लाकर उसका प्रतिवाद/ विरोध करने को उकसाती है तथा हमारे मन को आन्दोलित करती है। कविता आन्दोलन को जन्म देकर व्यवस्था परिवर्तन में सहायक होती है तो सत्ता-परिवर्तन की स्थिति पैदा कर सकती है। यह कविता ही है जिसने राम मन्दिर को अपना विषय बना सम्पूर्ण देश के हिन्दू जन को एक साथ ला खड़ा किया तथा एक बार उनमें धार्मिक भाव संचरित किया। कविता हमारे अहंकार को, हमारी भूलों को, हमारे मोह को हमारे सामने रखती है तथा यह सिद्ध करती है कि हमारे द्वारा किया जा रहा कार्य मात्र छलावा है। यह धन-सम्पत्ति, ऐश्वर्य, यश सबकुछ क्षण-भंगुर है। हम मात्र एक मुट्ठी राख हैं। वह राख जिसे हम सहेजकर रख भी नहीं सकते सिर्फ प्रवाहित करते हैं।

साहित्य-सृजन एवं कविता-लेखन मात्र अनुभूतियों को शाब्दिक अमली जामा पहनाना ही नहीं है, बल्कि एक जिम्मेदारी भी है। राष्ट्रवादी एवं सनातनी साहित्यकार ही इस जिम्मेदारी का निर्वहन कर सकता है, वरना साहित्य के सहारे हम लोगों के ध्यान को बाँटकर स्वार्थ सिद्धि प्राप्त कर सकते हैं तथा प्रसिद्धि भी। 'दे दी हमें आजादी बिना खड्ग बिना ढाल' जैसा साहित्य हमें अँधेरे में रखकर कुछ काल तक मूक तो बना सकता है, किन्तु तथ्यों को मिटा नहीं सकता। अगर बिना खड्ग और ढाल के

आजादी मिली तो साफ है कि जिन अनगिनत शहीदों ने अपनी कुर्बानी दी, हँसते-हँसते फाँसी के फंदे को चूमा, भगत सिंह जैसे लोगों ने खड़े होकर मृत्यु का वरण किया वह सब व्यर्थ गया। यह एक सजग साहित्यकार का कर्तव्य है कि वह अपनी कलम को बिकने न दे, बहकने न दे तथा दिशा विशेष में चलने न दे।

साहित्यकार कुरीतियों, आतंक, बुराइयों एवं परिस्थितियों से लड़ता है बिना किसी अस्त्र-शस्त्र के। जो कार्य आग्नेयास्त्र नहीं कर पाते वह कार्य एक रचनाधर्मी अपनी कलम के माध्यम से कर जाता है। साहित्य एवं साहित्यकार का कार्य केवल कामिनियों की कटि, कजरारे नयन, काले केशों, कातिल मुस्कानों के वर्णन तक ही नहीं सीमित, बल्कि भूख से मर रहे गरीबों, धनाभाव में गिद्धों से अपने को बचा कुँवारी बालाओं बेरोजगार नौजवानों की व्यथा, समाज में व्याप्त हो रही विधर्मी संस्कृति, नेताओं के खोखले वादों, कोटेदारों की मनमानी, दबंगों के आतंक, शिक्षा में शोषण, दहेज के ताण्डव जैसे मुद्दों पर भी कलम चलाने की जरूरत है। बिना इसके उसके कर्तव्यों का निर्वहन अधूरा हैं।

उपरोक्त बिन्दुओं को दृष्टिगत रखते हुए इस छोटी कलम ने अपना यह चतुर्थ काव्य-पुष्प सहृदय मनीषियों को अर्पित किया है। आशा है यह काव्य-संकलन पाठकों को पसन्द आयेगा और उन्हें आनन्दित कर सकेगा। काव्य-संग्रह 'मुट्ठी भर राख' की भूमिका आकाशवाणी दूरदर्शन एवं इलाहाबाद बैंक में राजभाषा अधिकारी के सम्मानित पद पर रहनेवाले, हिन्दी-साहित्य के जाने-माने समीक्षक डॉ. ओम निश्चल द्वारा लिखी गयी है। मैं उनकी इस उदारता एवं अपनत्व के लिए नतशीश आभारी हूँ।

कविताओं को पुस्तक रूप में लाने का श्रेय पूर्णत: प्रियवर डॉ. दीपक रूहानी को है। उनके द्वारा अपना बहुमूल्य समय नि:स्वार्थ देना तथा पुस्तक का कलेवर तय करने में श्रम एवं चिन्तन के लिए मैं कृतज्ञ हूँ। हमारा तीसरा काव्य-संग्रह 'चल अकेला' भी उन्हीं के प्रयास से मूर्त रूप ले सका था। वस्तुत: आप साहित्य को समर्पित एक व्यावहारिक साहित्यकार एवं पथद्रष्टा हैं। बड़ी ही सहजता से बिना अपना विचार थोपे सहयोग करना आपका स्वभाव है। मैं आपका भी आभारी हूँ।

इस काव्य-संग्रह की सफलता हेतु अपनी शुभकामनाएँ देनेवाली पूर्व सांसद-प्रतापगढ़ राजकुमारी रत्ना सिंह, पूर्व भाजपा जिलाध्यक्ष-प्रतापगढ़ हरिओम मिश्र एवं के. के. सिंह, वर्तमान अध्यक्ष आशीष श्रीवास्तव, पत्रकार शैलेन्द्र द्विवेदी एवं अरविन्द द्विवेदी, भाजपा नेता कुलवंत सिंह जी, एडवोकेट राममिलन शुक्ल, अजय

शुक्ल "गुड्डू", भाजपा नेता नीतेश द्विवेदी, आचार्य मुंशी रजा अनीस, नागेन्द्र अनुज, एस. पी. अग्रहरि 'नीरस' मुम्बई के प्रति मैं हृतय तल से अपनी कृतज्ञता ज्ञापित करता हूँ। प्रकाशन हेतु अपने आशीष से अभिसिंचित करनेवाले पूज्य गुरुदेव काशी सुमेरु पीठाधीश्वर जगतगुरू शंकराचार्य नरेन्द्रानन्द सरस्वती, पूर्व प्राचार्य बहुगुणा महाविद्यालय डॉ. दुर्गाप्रसाद ओझा, डॉ. राजकुमार पाण्डेय, पूर्व प्राचार्य एवं शोध निदेशक पी. बी. पी. जी. कालेज प्रतापगढ़, डॉ. भवानीसेवक सिंह, पूर्व प्रधानाचार्य डॉ. ज्ञानेन्द्र त्रिपाठी, डॉ. शक्तिधरनाथ पाण्डेय, श्रीयुत् विशालमूर्ति मिश्र के प्रति भी मैं कृतज्ञ हूँ। काव्य-संग्रह के प्रकाशन के लिए उत्साहवर्द्धन हेतु अपने सभी मित्रों, शुभचिन्तकों के प्रति भी आभार व्यक्त करता हूँ, जिन्होंने उत्साहित करके हमें इस ओर अग्रसरित किया।

काव्य-संग्रह के मूर्त रूप पाने में मेरी धर्मपत्नी श्रीमती मीना मिश्रा, पुत्रवधू खुशबू मिश्रा एवं पुत्र हरिओम मिश्र का भी सहयोग भुलाया नहीं जा सकता। इन्होंने भोजन-व्यवस्था एवं घर की जिम्मेदारियों का निर्वहन करके हमें रचनाधर्मिता हेतु अवसर प्रदान किया। नातिन स्वाती मिश्रा, सान्या मिश्रा एवं नाती सार्थक मिश्रा की तोतली वाणी बाल-हरकतों एवं क्रियाकलापों ने जहाँ चित्त को सहज आनन्दित किया वहीं नई कल्पनाओं को भी जन्म दिया। प्रकाशन से जुड़े सभी कर्मचारियों के प्रति भी मैं अपनी कृतज्ञता ज्ञापित करता हूँ, जिन्होंने पूरी लगन और ईमानदारी से अपना कार्य कर पुस्तक को स्वरूप प्रदान किया।

डॉ. रामसमुझ मिश्र 'अकेला'
मो : 8429699914

1. सरस्वती वंदना

ज्ञान की गंगा बहे माँ शारदे वरदान दो।
भाल जिससे मैं सजाऊँ माँ चरण रजदान दो।।

भारती की वंदना के गीत नित मैं रच सकूँ,
लेखनी दी है अगर तो छन्द रस का ज्ञान दो।

तान वीणा छेड़ माँ सरिता बहा नवज्ञान की,
कहीं तुलसी सूर मीरा कहीं पर रसखान दो।

मिटे मन से तमस जो घनघोर छाया धरा पर,
प्रज्वलित कर ज्ञान दीपक उर नया दिनमान दो।

दी तुम्हीं ने लेखनी प्रज्ञा सहज ही शब्द सागर,
अब तुम्हीं इस साधना को एक नया उत्थान दो।

हम जलाये आस-दीपक हैं खड़े द्वारे तेरे माँ,
नित लिखें पीड़ा दुखी की बस यही संज्ञान दो।

क्षुद्रता, कटुता, विषमता, द्वेष तिनके की तरह,
वेग में बह जायं माता उर नया तूफान दो।।

2. संकल्प लें

प्रेम अपनी मातृ-भू से करेंगे संकल्प लें।
न कभी संघर्ष से हम डरेंगे संकल्प लें।।

बहाकर तन से पसीना अन्न उपजायें चलो,
पेट भूखे रोटियों से भरेंगे संकल्प लें।

मिल सके उद्योग खाली हाथ को हर हाल में,
हाथ अपने हम हथौड़ा धरेंगे संकल्प लें।

जिस वतन का अन्न-जल खाया-पिया, ली वायु है,
उसकी खातिर जियेंगे और मरेंगे संकल्प लें।

मुस्कराहट देखने को हर वदन पर देश के,
खिलखिला फूलों सदृश हम झरेंगे संकल्प लें।

काम जो आसान उसको कर लिया तो क्या किया,
लांघ बाधाओं को सारी बढ़ेंगे संकल्प लें।

दीन- दुखियों-शोषितों की पीर पुलकित भाव से
कोई भी कीमत चुकाकर हरेंगे संकल्प लें।

जो भटककर राह उलझे, दुर्व्यसन में फंस गये,
उन्हें समझा सत्य-पथ क्या तरेंगे संकल्प लें।

3. आय गयो ऋतुराज

सखि आय गयो ऋतुराज, कोयलिया कूक रही।।
गमक उठी चहुँ दिशि अमरायी, तरु डालों में कोपल आयी।
गेंद गुलाब खिले क्यारिन में, शीत पड़ी है गाज।।
कोयलिया कूक रही ....

कमल विहंस तैरें तालों में, झूलें आम-बौर डालों में।
पीली पहन चुनरिया सरसों, झुकी मटरिया लाज।।
कोयलिया कूक रही ....

गेहूँ जौ की बालें झूमें, भौंरे बैठ सुमन मुख चूमें।
पकड़ बाल मुख उड़े परिंदा, पहने सिर पर ताज।।
कोयलिया कूक रही ....

बैर पकी अमरूद ओराने, अलसी चने पड़ गये दाने।
बर्र तेरेरे आँख किनारे, जैसे बैठी बाज।।
कोयलिया कूक रही ....

गन्ने की हो रही पेरायी, गुड़ बनने की चढ़ी कड़ाही।
ताल छिड़ रही शाम फाग की, बजे ढोल संग झाँझ।।
कोयलिया कूक रही ....

4. सखी सब ताना मारें

कान्हा लाओ न गाल गुलाल, सखी सब ताना मारें।।
बरजोरी तन रंग न डारो।
पा गलियन ना अंग उघारो।
हँस के न करो हलाल।। सखी सब.....

भाल अबीर लगायो रोली।
प्रीति तेरे न मैं कुछ बोली।
फेरो न उंगली बाल।। सखी सब.....

पूछेगी माँ क्या बतलाऊँ।
कहाँ-कहाँ के रंग छुपाऊँ।
अंखियों में साले सवाल।। सखी सब.....

रोज-रोज छेड़ें सब सखियाँ।
कजरा बहा देख के अंखियाँ।
बोलें काट रही माल।। सखी सब.....

लगे बुरी न तोरी बतियाँ।
श्याम स्वप्न संग काटूँ रतियाँ।
बिन तुम व्यर्थ धमाल।। सखी सब.....

5. चलो खेलें होली

मन के मिटा गुबार, चलो खेलें होली।
रंगों का त्योहार, चलो खेलें होली॥
अगले साल पता न किस हों हालत में,
आओ अबकी बार रंग में रंग जायें।
छोटे-बड़े जाति-मजहब का भेद भुला,
संग-संग मिल गले अबीर माथ लायें।
भीगें प्रीति-फुहार, चलो खेलें होली॥
रंगों का त्योहार, चलो खेलें होली॥

खुशी मनायें, रंग लगायें पर यह ध्यान रहे,
इससे किसी और को पीड़ा न होने पाये।
अगर कोई अस्वस्थ परेशां तन-मन से,
भूले से न हम गुलाल उस पर डायें।
यह मानव श्रृंगार, चलो खेलें होली॥
रंगों का त्योहार, चलो खेलें होली॥

होली संस्कृति पर्व न पालें मन कुंठा,
यह वसंत उत्सव है साथ मनायें हम।
शोषित-दलित, दीन-दुखियों की कुटिया में,
बाँटें जाके खुशी भगायें पीड़ा गम।
बिखरायें हम प्यार, चलो खेलें होली॥
रंगों का त्योहार चलो खेलें होली॥

जला होलिका नफरत और गिले-शिकवे,
लायें पौध प्रीति की हम अपने मन में।
सब अपने ही भाई इनसे क्यों रूठें,
भाईचारा बेल लगायें आंगन में

गायें राग मल्हार, चलो खेलें होली।।
रंगों का त्योहार, चलो खेलें होली।।

मन पक्का तो क्या मजाल शंका जन्मे,
अन्तर्मन हो शमन द्वेष दुविधाओं का।
भाल गुलाल लगा समरसता समता का,
गले मिलें बिन सोचे दैन्य अभावों का।
हरषे मन लाचार, चलो खेलें होली।।
रंगों का त्योहार, चलो खेलें होली।।

6. सर्व समर्पण का व्रत लें

जो वसुधा देती है सबकुछ,चलो उसे हम भी कुछ दें।
हो कृतज्ञता-भाव राष्ट्रहित, सर्व समर्पण का व्रत लें ।।
सूरज देता ताप रोशनी हवा हमें जीवन देती।
भूख मिटाने को हम करते धरती के ऊपर खेती।
प्यास बुझाती नदी बावड़ी शांति हेतु आश्रय दे वन।
छाया देते पेड़ सदा ही पथिकों को जब जलता तन।
ऐसे ही परहित में हम भी यथाशक्ति संचित धन दें।।
हो कृतज्ञता-भाव राष्ट्र-हित।।

पुष्प हार देते हैं हमको खुशबू भरे चमन के फूल।
बिन याचना हमें फल देते वृक्ष न जायें इसको भूल।
मधुमक्खियाँ शहद हैं देती सागर रत्नों की थैली।
गाय दूध देती माँ जैसी, गंगा मुक्ति धरा फैली।
मेहनत श्रम के दीप जलाकर चलो उजाला पथ कर दें।।
हो कृतज्ञता भाव राष्ट्र-हित।।

चलो बनें अंधों की आँखें लंगड़ों की हम बैसाखी।
निर्बल के बल बेबस संबल बनें अपंगों की लाठी।
जो हैं अनपढ़ उन्हें पढ़ायें बाणी दें उनको जो चुप।
तप्त धरा को दें हम पानी हिम्मत जो जीते हैं छुप।
पकड़ बाँह दलितों शोषित का हम विश्वास और साहस दें।।
हो कृतज्ञता भाव राष्ट्र-हित।।

7. माटी मेरे वतन की

माटी मेरे वतन की चंदन से नहीं कम है।
ऐ देश मेरे भारत तुझको मेरा नमन है।
तेरी ही आन खातिर राणा शिवा थे जूझे।
कितनों ने प्राण त्यागे इतिहास में अबूझे।
मंगल जोधा सिंह ने दी है हंसकर के कुर्बानी।
जब तक रही साँस दुश्मन से जूझी झांसी रानी।
मातृभक्त अभिलाष सिंह को जलती चिता ढकेला।
रहा तड़पता वह ज्वाला में देख रहे सब खेला।
खुदीराम बसु चापेकर ने प्राण गंवाया हँसकर।
सावरकर नंदी ऐय्यर ने खुद को किया निछावर।
ऐसे नहीं हुआ है आजाद ये वतन है।।
माटी मेरे वतन की चंदन से नहीं कम है।

मास्टर अमीरचंद ने गोरों से लड़ा डटकर,
कर्तार सिंह पिंगले थे संग प्रताप बारहट।
बिस्मिल, सुभाष, ऊधम, राजेन्द्र लाहिड़ी ने,
प्राणों को धर हथेली लड़ उच्च किये सीने।
हरिमित्र चौधरी मणीन्द्र, जगन्नाथ, शिन्दे।
शिवशरण बाजपेयी, मधुसूदन दफन जिन्दे।
योद्धा प्रमोद रंजन और पुलिन घोष मारे।
जाहिल फिरंगियों को अनगिनत ढेर सारे।
कुर्बानी राजगुरु की कर याद व्यथित मन है।
माटी मेरे वतन की चंदन से नहीं कम है।।

बहना सुशीला मोहन प्रफुल्ल ब्रह्म ने भी,
आजादी हेतु कुर्बां सुनीति घोष दीदी।
शान्ता, गुहा औ बीना शांती औ प्रीतिबाला।

हँसकर के दी कुर्बानी आजादी की पी हाला।
सरदार भगत सिंह ने बम फेंक बांटा पर्चा,
उनकी दिलेरी की तो सारे जहां में चर्चा।
श्री सालिकग्राम ने भी फांसी का चूमा फंदा,
होने न दिया जीते जी धरा को है गंदा।
ऐसे नहीं रहा खिल इस देश का चमन है।
माटी मेरे वतन की चंदन से नहीं कम है।।

8. ब्राह्मण वीर शिरोमणि-दाहिर सेन

आठवीं सदी सारा भारत मुगलों के शासन जकड़ा था,
फिर भी राजाओं का घमंड अपने अपने में अकड़ा था।
ऐसे में सिंध प्रान्त राजा निज बल पौरुष आजाद रहा।
यह बात अखरती मुगलों को क्यों अब तक यह आबाद रहा।
कोशिश की पन्द्रह बार मगर नृप दाहिरसेन नहीं हारा।
वंशज जमदग्नि ब्राह्मण का दुश्मन को खेद-खेद मारा।
मुगलों ने घुटने टेक दिये पर फितरत हार नहीं मानी।
विश्वासघात कर कब्जे की तरकीब निकाली तूफानी।
इसकी खातिर सहयोग लिया जाहिल गुलाम राजाओं का।
भारत के कुछ गद्दारों का अपने ऊपर आकाओं का।
एक दिवस नृपति दाहिरसेन अस्वस्थ महल में था लेटा।
मुगलों ने किया त्वरित हमला कमजोर देह से जब देखा।
राजा दाहिर हो निडर लड़ा ईरानी मुगल दरिंदों से।
पर हार गया अपनी धरती के पले बढ़े बाशिंदों से।
कोई भी नहीं बढ़ा आगे करने को मदद वीर सुत की।
माँ मातृभूमि थी तड़प उठी निर्दय हाथों गोदी लुटती।
गद्दारों ने लेकर इनाम अपना ईमान बेंच डाला।
एक भाई रहा चीखता पर सब के मुंह लगा रहा ताला।
लड़ दाहिर सेन ब्राह्मण ने पा वीरगति इतिहास लिखा,
मर गया भले लड़ते-लड़ते पर लालच में है नहीं बिका।
भू-रक्षा और अस्मिता हित निज मृत्यु निडर हो वरण किया।
पत्नियों बेटियों ने हँसकर अपने हाथों विषपान किया।
जब तक कोई छूता उनको वे स्वर्ग-लोक में पहुँच गयी।
ब्राह्मण बालाओं ने रच दी रोमांचित करती कथा नयी।
जब भी इतिहास पढ़ेंगे हम गद्दारों को धिक्कारेंगे।
ऐसे सपूत की मिट्टी पर एक दीप गर्व से बारेंगे।

9. तितली के पर टूट गये

बच्चे की जिद रखने में ही तितली के पर टूट गये।
चाहा लाख खुश रखना पर अनायास तुम रूठ गये।।
खुद न खाया उसे खिलाया काट पेट तन उसे पढ़ाया।
होगा कभी सहारा मेरा सोच-सोच मन यही बढ़ाया।
रात-रात भर बीमारी में वह सोया मैं था जागा।
वैद हकीम जानता जिनको उनके घर को था भागा।
सारे गम उम्मीदों के हित हम हैं हँसकर घूँट गये।।
बच्चे की जिद रखने में ही तितली के पर टूट गये।

मित्र संग अपने लोगों ने लाभ उठाया सज्जनता का।
पर जब चाही मदद कभी तो रूप दिखाया दुर्जनता का।
जब तक था सम्पन्न चिपक कर मीठा बोल हमें लूटा,
किंतु परिस्थिति ज्यों ही बदली एक-एक करके रूठा।
मर मिटने के सारे वादे बेमानी, सब झूठ गये।।
बच्चे की जिद रखने में ही तितली के पर टूट गये।

होगा कभी आदमी इतना पत्थरदिल विश्वास न था।
भय हरनेवाला भय देगा भाई यह आभास न था।
रिस्ते अवसरवादी होंगे मन में न कल्पना रही।
वे ही दगा दे गये जिनकी खातिर हैं जिल्लतें सही।
जिन्हें बचाया लुटते हमने वे ही हमको लूट गये।।
बच्चे की जिद रखने में ही तितली के पर टूट गये।

इतना होता कठिन सत्य-पथ भोगा तब जाना हमने।
जीवन का सच है बता गया आये इस क्षण भर के गम ने।
देखे-सुने सांत्वना देकर एक-एक सब चले गये,
हम हैं साथ करें क्या बोलो किसी न मुख से कहे गये।
अच्छे को अच्छे मिलते ये कोरे घट हैं फूट गये।।
बच्चे की जिद रखने में ही तितली के पर टूट गये।

10. दहक रहा अंगारा उर में

मेरी पीर कलम पथ उतरी जब कागज के पन्नों पर,
तब लोगों ने जाना कैसे दहक रहा अंगारा उर में।।
स्वप्न संजोये मैं आँखों में बैठे-बैठे सोया था।
बच्चे का इच्छित पालन न कर पाने पर रोया था।
सपना था आ पुत्रबधू भर देगी खुशियों से आंगन।
मेरे घर में भी उतरेगा त्योहारों के संग सावन।
लाख किया कोशिश न पाया पकड़ सुखों की मैं टहनी,
तब लोगों ने जाना कैसे कसक रहा फव्वारा उर में।।
दहक रहा अंगारा उर में।।

दर-दर भटका रोजी के हित पर न कहीं भाग्य टकरायी।
कई बार तो मिलते-मिलते हाथों फिसली रोटी आयी।
लोगों की नजरों में तो नौकरी योग्यता का पैमाना।
जिसे मिली न उसे सभी ने हरदम ही अयोग्य जाना।
भटक-भटक कर चूर हो गया किस्मत से मजबूर हो गया,
तब लोगों ने माना किस्मत चहक रहा बंजारा उर में।।
दहक रहा अंगारा उर में।।

स्वारथ पर ही टिके हुए हैं सारे रिश्ते-नाते अपने।
जहाँ कहीं हित टकराता है सब हो जाते अपने-अपने।
पल भर में व्यवहार बदलता अपनापन हो जाता गुम है।
पहले कहते आप-आप जो सीधे कहने लगते तुम हैं।
आदर चादर ओढ़ है लेटा गये शत्रु बन बहू औ बेटा,
तब लोगों ने जाना क्यों है सुबक रहा बेचारा उर में।।
दहक रहा अंगारा उर में।।

11. इससे बड़ा न भ्रम कोई

बेटा-बहू हमें सुख देंगे, इससे बड़ा न भ्रम कोई।
राहों के कांटे बिनने से होता बड़ा न श्रम कोई।।
महलों में करके मजदूरी छोटा-सा घर एक बनाया,
त्याग सभी श्रृंगार शौक मिल दोनों उसको खूब सजाया।
यही हमारा लालकिला था यही हमारा ताजमहल,
तंगी में भी हँसकर जीते रहती हरदम चहल-पहल।
पर सुख-दुख न बाँध है पाता एक जगह पर हरदम कोई।।
बेटा-बहू हमें सुख देंगे।।

पैदा होने पर बेटे के कितना स्वप्न संजोया हमने,
उम्मीदों की भावभूमि में आस बीज बोया है हमने।
ज्यों- ज्यों बढ़ता देख-देखकर है अव्यक्त चैन-सुख पाता,
कहता यही बुढ़ापे की है लाठी कवच उजाला छाता।
मगर बहुरिया आते लगता पता न इससा गम कोई।।
बेटा-बहू हमें सुख देंगे।।

धीरे-धीरे बहू पुत्र संग पाँव जमाना शुरू किया,
हर कामों में मात पिता के टांग अड़ाना शुरू किया।
खानपान औ स्वास्थ्य उपेक्षा नौकर-सा बर्ताव शुरू,
गैरों से मीठी बातें अपनों से हरपल ताव शुरू।
ऐसी चोट लगायी मन पर जिसका न मरहम कोई।।
बेटा-बहू हमें सुख देंगे।।

बच्चों को समझाया जाता बाबा अम्मा पास न जाना,
उनकी कोई चीज न लेना, साथ बैठकर न खाना।
सारी बातें बच्चे आकर सहमे हुए बताते हैं,
मौका पाते भागे-भागे पास हमारे आते हैं।

लेता सीने लगा सोचता नहीं धैर्य-सा धरम कोई।।
बेटा-बहू हमें सुख देंगे।।

जिस नाती के लिए रोज माँ दुर्गा से रिरियाता था,
खाली वक्त कल्पना में ही कंधे बिठा घुमाता था।
उसको ही इन डेढ़ वर्ष में अपनी गोद उठा न पाया,
कहती बहू न पड़ने दूँगी बेटे पर बुड्ढे का साया।
कब फट जायें उर नलिकाएं ऐसी पीर न शरम कोई।।
बेटा-बहू हमें सुख देंगे।।

12. थी तुम कैसी मेरी माँ

पन्नाधाय, सुनीति, सुमित्रा या मरियम, मिस मैरी माँ।
थी तुम कैसी मेरी माँ।।
नहीं पता कुछ हमें छोड़ कब आप स्वर्ग को चली गयी,
मायावी निर्दयी मौत के हाथों से तुम छली गयी।
सिर्फ कल्पना कर-करके मैं तेरा रूप बनाता हूँ,
नयनों में भर आँसू दोनों चरणों शीश झुकाता हूँ।
पापा कहते तुम रसाल-सी, लोग कहें झरबेरी माँ।।
थी तुम कैसी मेरी माँ।।

एक बार न यमदूतों को तुमने यह बतलाया माँ,
कौन करेगा पालन मेरा उनको न समझाया माँ।
होगा कहा चली न होगी बेबस तुम होगी तड़पी,
तेरी चीख गगनभेदी सुन नभ बिजली होगी कड़की।
सिहरे वदन कल्पना से जब क्या गति होगी तेरी माँ।।
थी तुम कैसी मेरी माँ।।

तरसे कान शब्द सुनने को "इतनी धूप कहाँ थे तुम"
जब न सह पाते हो गर्मी बाहर जाते ही क्यों तुम?
समझाकर मैं हारी तुमको लेकिन छोड़ी न मनमानी,
मर जाऊँगी तो देखूँगी देता तुम्हें कौन पानी।
सभी मतलबी मैं ही पगली पूरी मति की फेरी माँ।।
थी तुम कैसी मेरी माँ।।

भले नहीं दिखती माँ मुझको लेकिन रहती साथ हमारे,
जब भी मन बोझिल होता है देती साहस शक्ति सहारे।
सिर सहलाती मन बहलाती उंगली पकड़ घुमाती हो,
नये सृजन को उकसा करके नूतन भाव जगाती हो।
तुमसे ही उजास जीवन में तुम ही छाँव घनेरी माँ।।
थी तुम कैसी मेरी माँ।।

13. नित दरिया सी बहती माँ

सुला पालने खाने बैठी रह-रह करके तकती माँ।
रोता सुनकर भगती माँ।।
उबटन तेल लगाती प्रतिदिन कभी नहीं अलसाती है,
सो जाने के बाद ही मइया आंगन बैठ नहाती है।
रहता ध्यान सदा बच्चे पर सुनकर खट्ट उझकती माँ।।
रोता सुनकर भगती माँ।।

रोते ही गोदी उठा लाल दुलराती है माँ चूम-चूम,
भइया राजा साहब कहकर फुसलाती है माँ घूम-घूम।
थोड़ा बुखार आ जाने पर सिरहाने बैठ सुबकती माँ।।
रोता सुनकर भगती माँ।।

जब चले बकंइया बच्चा तो सबसे ज्यादा घबराती है,
हर शीशा काँच समानों को नीचे से उठा हटाती है।
दूध कमोरी गिर जाने पर गुस्साती न हँसती माँ।।
रोता सुनकर भगती माँ।।

सोते में भी मुस्काता तो माँ गदगद हो जाती है,
पापा बुला पुलक करके माँ नयनन कोर दिखाती है।
अपनी सारी पीर थकन को सह लेती न कहती माँ।।
रोता सुनकर भगती माँ।।

माँ निश्छला मूर्ति करुणा की गंगा का निर्मल जल है,
माँ ममता शरणागत होते देव दनुज इतना बल है।
सबको सुख देने की खातिर नित दरिया-सी बहती माँ।।
रोता सुनकर भगती माँ।।

14. राम तेरी जय हो

कीन्हो अवध निहाल, राम तेरी जय हो।
बन कौशिल्या लाल, राम तेरी जय हो।।

भक्तों के तुम भक्ति, शक्ति यती संतों के।
दिनों के तुम ढाल, राम तेरी जय हो।।

भू देवों की शस्य, लक्ष्य हठयोगी के,
तुम मराल के ताल, राम तेरी जय हो।।

हो अनाथ के नाथ, हाथ श्रमजीवी के,
सरि तरिणी के पाल, राम तेरी जय हो।।

शबरी के हो धीर, तीर डूबे जन के,
चूके कोपं की डाल, राम तेरी जय हो।।

सती अहिल्या मुक्ति, युक्ति बाली मृत्यू,
वैदेही शुभ भाल, राम तेरी जय हो।।

शरणागत प्रतिपालक, चालक भव नइया,
दुर्जनता के काल, राम तेरी जय हो।।

कालनेमि हंता बजरंगी, संगी दुखी निबल,
बसें सदा उर जाल, राम तेरी जय हो।।

गिद्ध जटायू उद्धारक, संहारक लंकापति,
भरत कियो महिपाल, राम तेरी जय हो।।

शंभु सरासन तोड़, जोड़ प्रभु से नाता,
पहने गर वरमाल, राम तेरी जय हो।।

बाल्मीकि रुचि रामकथा, व्यथा जगत कह डाली,
हो गये मालामाल, राम तेरी जय हो।।

15. हर कोई छल रहा यहाँ

प्रकृति खुद हतप्रभ हुई है देख भू जो चल रहा है।
इस जहाँ में हर कोई एक दूसरे को छल रहा है।

नेता छलता बैठ संसद देश को,
देख न होता द्रवित जन-क्लेश को।
बस इसी से ही निराशा भाव हर मन पल रहा है।।
इस जहाँ में हर कोई एक दूसरे को छल रहा है।।

ग्राहकों को बैठ व्यापारी है ठगता,
छोड़ ईमाँ अधिक पाने को है भगता।
यह मिलावट तुच्छ धंधा बस इसी से फल रहा है।।
इस जहाँ में हर कोई एक दूसरे को छल रहा है।।

संत बैठा पीठ छलता भक्त को,
धूर्त प्रेमी अपने है अनुरक्त को।
नेह रवि विश्वास नभ से धीरे-धीरे ढल रहा है।।
इस जहाँ में हर कोई एक दूसरे को छल रहा है।।

छल रहे विद्याभवन अभिभावकों को,
वन शिकारी ऋक्ष मृग के शावकों को।
करने वश विषधर सपेरा हाथ अपना मल रहा है।।
इस जहाँ में हर कोई एक दूसरे को छल रहा है।।

अब तो मित्रों को भी ठगते लोग हैं,
है निरन्तर बढ़ रहा यह रोग हैं।
देख बढ़ते बंधु को भी बंधु दूजा जल रहा है।।
इस जहाँ में हर कोई एक दूसरे को छल रहा है।।

16. फूल

फूल उपवन भवन की शोभा बढ़ाते,
इनका पोषण और निगरानी करें।
बन कभी यह हार अभिनन्दित हैं करते,
बात यह भी आप अपने उर धरें।।

पुष्प अपनी गंध से वातावरण करते सुवासित,
दूर पर्यावरण से करते प्रदूषण को सदा।
पुष्प आँखों को हैं करते तृप्त तन को उल्लसित,
ये रहे हैं विज्ञ भूषण ही सदा।।

मन प्रफुल्लित कर हैं देते इसी से कहते सुमन,
इनके रहने से तितलियाँ भ्रमर आते।
सुमन में इतनी है ताकत बैठ घुटनों पर जो दो,
स्वयं जाते बन हृदय सम्बन्ध नाते।।

सहज निश्छल सृजन स्नेहिल शांति के हैं रूप ये,
पहुँच इतनी देव माथे चढ़ विहँसते।
इनके चढ़ने से है नेता स्वयं होता गौरवान्वित,
ये कभी न मुस्कराकर लोग डसते।।

पुष्प, बेलों, बल्लरी में फूल करते द्वार कुसुमित,
और देते प्रकृति-प्रेमी की उपाधी व्यक्ति को।
फूल बन गजरा किसी रमणी को करते चंचला,
और लोगों के हृदय उपजाते हैं अनुरक्ति को।।

फूल को न भूलकर तोड़ो कभी यह सोचकर,
इसको भी अधिकार सम हँसने का है।
फूल को देखो अगर तुम पुत्रवत नित,
सोचो फिर अधिकार क्या डसने का है।।

17. जग अंतस निर्मल कर दो

एक प्रार्थना है प्रभु तुमसे, जग अंतस निर्मल कर दो।
हटा द्वेष, उन्माद, कलुषता, प्यार मनुजता से भर दो।।

सब में दया प्राणि के प्रति हो, प्रकृति सम्पदा से अनुराग,
मन सद्भाव पले निर्वाधित, लोप ईर्ष्या-द्वेष-विराग।

उर तड़पन हो परपीड़ा सुन भ्रातृभाव ले सहज हिलोरें,
राष्ट्रधर्म का बोध करें सब, मजहब आड़ देश न तोरें।

बेधें राष्ट्र-द्रोह चिंतन को, ऐसा धनुष-तीर शर दो।।
एक प्रार्थना है प्रभु तुमसे।।

ग्रीष्म तपन में छांव वृक्ष के धरें सभी चिड़ियों को पानी,
ऐसा भाव भरें सब भीतर भूल न बोलें कड़वी बानी।
संस्कार हो पुन: प्रतिष्ठित लोग करें मर्यादा मान,
पीड़ा दे कमजोर जनों को चले न कोई सीना तान।
सबको सुख अनुभूति करायें, वसन भोग भू घर दो।।
एक प्रार्थना है प्रभु तुमसे।।

सब में स्वाभिमान हो झंकृत, लें अपने अतीत से सीख,
भारत के नरेश कैसे हो जाते सुन जनता की चीख।
कैसे फर्ज निभाने को पन्ना ने लाल किया कुर्बान,
देश-मुक्ति को नेता जी ने धारा अपना रूप पठान।
करें अनुकरण इसका सब ही, ऐसा जोश यकीन जिगर दो।।
एक प्रार्थना है प्रभु तुमसे।।

फिर कश्मीर धरा पर केसर उपजे मह-मह महके,
फिर गौरैय्या सबके आंगन, निर्भय उतरे चहके।
फिर उपवन में भरें कुलाचें, हरिना-शशक फूल महके
फिर प्रतिवाद करें निबलों-हित, सुधी विज्ञ शासक जमके।
प्रभु-कुटिया फिर ऋषी जन्म लें,राणा शिवा मिहिर वर दो।।
एक प्रार्थना है प्रभु तुमसे।।

18. यह तन बस मुट्ठी भर राख

जो दिख रहा आँख का भ्रम है, कुछ न तेरा सोचो लाख।
यह तन बस मुट्ठी भर राख॥

जाये कब यह सूख वृक्ष जो हरा-भरा है खड़ा हुआ,
किला कंगूरा किस क्षण गिरकर दिखे धरा पर पड़ा हुआ।
इतना ही सच मानो जग को कानन सृष्टि देह तरु ढाख॥
यह तन बस मुट्ठी भर राख॥

जीवन समर-भूमि है सारा, बिना लड़े न सकते जीत,
यहाँ न कोई है सम्बंधी, ना ही कोई अपना मीत।
सभी संग में तेरे तब तक, जब तक माल तुम्हारे पास॥
यह तन बस मुट्ठी भर राख॥

पिता-गात तक साथ न देते जीवन के अंतिम क्षण में,
सिर्फ अकेले लड़ना पड़ता, यमदूतों के संग रण में
प्राण निकलते बेटे पत्नी तक कर देते बाहर गात॥
यह तन बस मुट्ठी भर राख॥

पालित जन तरु पशु अरु पक्षी, सबकुछ यहीं छूट जाते,
मुंदते आँख खत्म हो जाते, सारे स्नेहिल रिश्ते-नाते।
सिर्फ कर्म ही जाता संग में दूजा और न कोई साथ॥
यह तन बस मुट्ठी भर राख॥

चलनेवाला वायुयान से कंधे चार विवश है जाता,
किये गये अपने दुष्कृत्यों पर मन-ही-मन पछताता।
कंचन काया धू-धू जलती और आत्मा मलती हाथ॥
यह तन बस मुट्ठी भर राख॥

19. मुट्ठी भर हैं राख सिर्फ हम

धनी, संत, ज्ञानी, बलशाली, मान स्वयं को बहुत छला।
मुट्ठी भर हैं राख सिर्फ हम मरघट में है पता चला।।

चुन-चुन भवन बनाया था जो संगमरमर लगवाया,
प्राण निकलते घरवालों ने बिस्तर सहित भगाया।
सबके लिए लगाया ए.सी., फ्रिज-कूलर मंगवाया,
पर घरवालों ने मरने पर है कंडा खुब सुलगाया।
चिल्लाने पर दिये न पानी, रोते फाड़ गला।।
मुट्ठी भर हैं राख सिर्फ हम।।

की कपाल भाति उम्र भर, अंत कपाल-क्रिया,
उसने चिता लिटाया जिसको है सर्वस्व दिया।
लेकर सात जनम की कसमें एक निभा न पायी,
जीवन-साथी कहना भ्रम था चिता तलक न आयी।
भय हरनेवाले भाई ने ही है दिया जला।।
मुट्ठी भर हैं राख सिर्फ हम।।

चिता तलक कुछ संगी-साथी, सम्बन्धी हैं आते,
जल जाने पर एक मुट्ठी माटी दे फर्ज निभाते।
अस्थि-विसर्जन करके बेटा है संतोष जताता,
इसी दिवस के लिए पिता बेटे को पाल बढ़ाता।
अब तो यह भी ठेके पर हो गया है पता चला।।
मुट्ठी भर हैं राख सिर्फ हम।।

भले माँगने पर न लाया चाट कभी माता को,
बोरी ओढ़ काट दी बरखा, तरसा पितु छाता को।
आज वही छाता तेरही में, मानदान को मिलता,
देकर खुश होता है बेटा, मन-सरोज है खिलता।
मुंह तक नहीं देखने आया बाप बहुत मचला।।
मुट्ठी भर हैं राख सिर्फ हम।।

20. दीपावली

अबकी बार दीप अंतर्मन का बारें।
प्रेम उजाला देख जायं भग तमस द्वेष कारें।।
बाहर दीप जलाने से बस अंधियारा भगता,
अन्दर बैठा दुश्चिन्तन तम जीवन भर ठगता।
मन-दीपक में राष्ट्र-प्रगति-हित, त्याग स्नेह डारें।।
अबकी बार दीप अंतर्मन का बारें।

खील बतासे लाई गट्टे ले हाथों में अपने,
पहुँचें उनके द्वार देखते जो हैं इनके सपने।
साथ मोमबत्ती छुरछुरिया कुछ मीठे प्यारे।।
अबकी बार दीप अंतर्मन का बारें।

जिनके बदन उघार उन्हें दो वस्त्र यथासम्भव,
ऐसा कर उनको करवाओ मनुज प्रेम अनुभव।
उनका मन विश्वास जिताकर झूँठ अहं हारें।।
अबकी बार दीप अंतर्मन का बारें।

हंसी ला सकें म्लान मुखों पर, समझो जीत गये,
रचे निराश मनुजता ने फिर कोई गीत नये।
परहित काज चलो प्रिय अपना थोड़ा सुख वारें।।
अबकी बार दीप अंतर्मन का बारें।

कोई भोजन-वस्त्र बिना यदि दीवाली में रहता,
उसको है धिक्कार सदा जो खुद जन-रक्षक कहता।
अपनी जिम्मेदारी को न औरों सिर ढारें।।
अबकी बार दीप अंतर्मन का बारें।

21. गढ़ते हैं दीपक जो हाथ

अंधियारे में भी रहकर के दीपक गढ़ते हैं जो हाथ।
उन्हें करें मजबूत दीप लें यही मनुजता का है साथ।।

बचें चाइना की झालर से मिट्टी का दीपक ले आयें,
उसमें भरकर तेल द्वार पर और खेत मग मोड़ जलायें।
इससे पर्यावरण सुरक्षित होगा जग में ऊँचा माथ।।
अंधियारे में भी रहकर के दीपक।।

माटी दीपक जलकर के फिर माटी में मिल जायेगा,
नहीं करेगा मृदा प्रदूषित पर्यावरण बचायेगा।
कुम्भकार परिवार सहित खुश करेगा पूजन जोड़े हाथ।।
अंधियारे में भी रह करके दीपक।।

अपना धन अपनों में जाये ऐसा करो प्रयास सभी,
होगा सबल समाज सुनिश्चित न दुख का आभास कभी।
हर घर में किलकारी होगी न समझेगा कोई अनाथ।।
अंधियारे में भी रह करके दीपक।।

चरागाह से कंडा बिनकर तालों से माटी लाता,
भिगो गूँथकर उम्मीदों संग वह माटी का दिया बनाता।
करे कल्पना बेच दीप को लूँगा अबकी वर्ष परात।।
अंधियारे में भी रह करके दीपक।।

देव मंदिरों आँगन देहरी माटी दीपक शुभ होता,
यह लक्ष्मी अगवानी करता लाता गंग सरित गोता।
इसके सर्जक को दे माता अन्नपूर्णा दुग्ध अरु भात।।
अंधियारे में भी रह करके दीपक।।

22. याद आती राम की

दीपमाले देख तुझको याद आती राम की।
थी छटा ऐसी ही रघुवर आगमन के शाम की।।

वर्ष चौदह बाद जब श्रीराम लक्ष्मण जानकी,
अवध को होकर प्रफुल्लित किये वन से वापसी।
जब अयोध्या के निवासी खबर पाये दूत से,
हैं लगे देने बधाई लिपट भ्राता पूत से।
लगा सजने नगर सारा बढ़ी महिमा धाम की।।
दीपमाले देख तुझको।।

गली-कूचे की सफाई चकाचक सारी डगर,
जिधर से रघुकुल दिवाकर आनेवाले थी नजर।
सजी दुल्हन-सी अयोध्या सियावर के स्नेह में,
हैं बने गुलिस्तान छोटे-बड़े सब ही गेह में।
किसी को चिंता न अपने पद-प्रतिष्ठा नाम की।।
दीपमाले देख तुझको।।

तीनो रानी ने सजा रखे हैं पूजा-थाल अपने,
बैठ अपने कक्ष में दृग खोल देखें सुखद सपने।
पथ अगोरें बिछा पलकें एकटक निज लाल को,
सोचती मैं लूँगी छपटा चूम उनके भाल को।
न रही खाने की चिंता न ही कुछ आराम की।।
दीपमाले देख तुझको।।

गुरु बशिष्ठ नृप जनक संग ले भरत खड़े अगवानी,
लिए कलश शत्रुघ्न निहारें पग धोने को पानी।
कैकेयी मन व्यथित आज है कैसे आगे जाऊँ,

मेरे कारण गये राम वन कैसे मुँह दिखलाऊँ।
आँसुओं से धरा गीली हो गई रघुधाम की।।
दीपमाले देख तुझको।।

आ प्रभू श्रीराम अगणित रूप धर सबसे मिले,
लिपट कीन्हें भरत के सब दूर शिकवे औ गिले।
शत्रुघन से चरण धुलवा चरण छू गुरु मात का,
भर दृगों में अश्रु दोनों किया वंदन तात का।
मात तीनों से मिलीं दुहिता सदृश माँ जानकी।।
दीपमाले देख तुझको।।

जले घी दीपक सभी भवनो में खुशियाँ छा गई,
रिक्त मन आनन्द की मणियाँ पुन: है आ गई।
सब तरफ दीपों की लड़ियाँ टिमटिमाने हैं लगी,
शुभ्र आशाएं नगर की आज फिर से आ जगी।
हर दिशा बजती बधइया गूँज मंगलगान की।।
दीपमाले देख तुझको।।

23. हम तुम दीपक बाती होते

अगर बनी तुम बाती होती और दीप मैं होता।
आज जहां में दूर-दूर न कहीं अँधेरा होता।।

धर्म-जाति-पाखण्ड तोड़ता न समाज को ऐसे,
न मानवता भुला सभी कुछ लोग समझते पैसे।
थोड़े से ही लाभ हेतु ईमान न डिगने पाता,
मानव का मानव से होता निश्छल पावन नाता।
शोषण भय से फूट-फूट न छुपकर कोई रोता।।
आज जहां में दूर-दूर न कहीं अँधेरा होता।।

सभी परिश्रम से आगे बढ़ने की होड़ लगाते,
कोई धोखा झूठ सहारे ऐसे न बढ़ पाते।
न अधिकार किसी का छिनता सबको हक मिलता,
उचित परिश्रम कीमत पाकर हर चेहरा खिलता।
जीवन बोझ समझ न कोई घुट-घुट कर ढोता।।
आज जहां में दूर-दूर न कहीं अँधेरा होता।।

पति पत्नी भाई-भाई का प्रेम न सिसकी भरता,
घर की सीता छोड़ न कोई सूपनखा पर मरता।
कामवासना धन की खातिर न हत्याएँ होतीं,
न दहेज की खातिर त्यक्ता बेटियाँ भी रोतीं।
बहनों का रस्ते में चलना ना दूभर होता।।
आज जहां में दूर-दूर न कहीं अँधेरा होता।।

दुर्भावना पलायन करती पौध प्यार की लगती,
दुश्चिंतक आत्मा किसी को आये दिन न ठगती।
चलती नेह-बयार, कपट-छल आसमान उड़ जाते,
बिना बधिक-भय डाल बैठकर, खग-दम्पति बतियाते।
बिरहा तान किसान छेड़कर बीज खेत में बोता।।
आज जहां में दूर-दूर न कहीं अँधेरा होता।।

24. बंजर दिल की उम्मीदें

जब न पड़ता फर्क किसी पर तेरे आँसू का,
क्यों घुट-घुट बेदर्द जमाने से तुम रोते हो।
हंसकर धीरज साहस के संग मेरे मीत जियो,
क्यों सुन्दर काया को अपनी मृत-सी ढोते हो।।
क्यों घुट-घुट बेदर्द जमाने से तुम रोते हो।।

रूप बदलता मानव अब तो समय संग में अपना,
सिर्फ स्वार्थ पर ध्यान व्यर्थ दुनिया की पीड़ा घटना।
मिल जाये इच्छित फल अपना किसी भांति से भी,
यह समाज बस शीश झुकाये देख रहा नित सपना।
हुई मनुजता लुप्त जहां से जैसे सींग शशक,
बंजर दिल में क्यों कोई उम्मीदें बोते हो।।
क्यों घुट-घुट बेदर्द जमाने से तुम रोते हो।।

भय हरनेवाला भाई ही अब तो भय देता,
रिश्ते भूल खून के रिपु संग दगा पीर देता।
माँ की सीख पिता की शिक्षा हुई निरर्थक सब,
नहीं चैन से जीने दूँगा नित शपथें लेता।
मार कुण्डली कुंठा बैठी चित चिंतन में जिसके,
उससे रख सम्बन्ध चैन क्यों अपना खोते हो।।
क्यों घुट-घुट बेदर्द जमाने से तुम रोते हो।।

अब तो है ईमान बना कमजोरी की पहचान,
पैसे वाला ही पाता है घर समाज सम्मान।
बेचारा चरित्र मन मारे हुआ हताश निबल,
सत्पथ पर चलनेवाला पाता ठोकर अपमान।
जो उपहास किया करते हैं विज्ञ सज्जनों का,
उनसे क्यों सहयोग प्रेम का स्वप्न संजोते हो।।
क्यों घुट-घुट बेदर्द जमाने से तुम रोते हो।।

25. ग़ज़ल

कैसी-कैसी आस लगाये बैठा है।
बधिक जाल अपना फैलाये बैठा है।

फंस जायेगा कोई निश्चित ही पंक्षी,
उम्मीदी दाना छितराये बैठा है।

दुनिया पर विश्वास करें आखिर कैसे,
अपना ही जब घात लगाये बैठा है।

जिसके लिये देश-दुनिया कुनबा छोड़ा,
वह ही मुझसे गाल फुलाये बैठा है।

सबको मजहब-जाति याद परिवार रहा,
हर ही इंसा मुल्क भुलाये बैठा है।

जिसने उठा सड़क से पैरों खड़ा किया,
उसके ही घर नजर जमाये बैठा है।

जान रहा है तिनका संग न जायेगा,
फिर भी हाथों गगन उठाये बैठा है।।

26. यह कैसी परिपाटी

पाल-पोसकर जिस बिटिया को शिक्षित योग्य बनाया।
कभी नहीं पड़ने दी उस पर दुःख की काली छाया।
वह ही युवती हो जाने पर घर में न रह पाती,
यह कैसी परिपाटी, यह कैसी परिपाटी।।

रीति सनातन से ही धरती पर यह चलती आयी,
सब कुछ होते हुए जनक को करनी पड़ी बिदायी।
लेते फेरे सात परायी पल में है हो जाती।।
यह कैसी परिपाटी, यह कैसी परिपाटी।।

बेटी बिदा वक्त पापा का टूक कलेजा होता।
उड़ जाती चेहरे की रंगत मन-ही-मन में रोता।
पीर पिता की समझ लाडली अश्रु पोंछ समझाती।।
यह कैसी परिपाटी, यह कैसी परिपाटी।।

बेटी के भविष्य को लेकर सदा पिता है डरता।
इसीलिए अपमानित होकर भी न उफ है करता।
माँ की सीख भरोसे बेटी दो कुल रीति निभाती।।
यह कैसी परिपाटी, यह कैसी परिपाटी।।

कैसी होगी सास ननदिया देवरानी जेठानी।
ससुर जेठ देवर को कैसे खुश करेगी रानी।
यही सोच बाबुल को निशदिन नींद नहीं है आती।।
यह कैसी परिपाटी, यह कैसी परिपाटी।।

कैसे काम करेगी बिटिया घर न कुछ करती थी ,
कैसे स्नान करेगी प्रात:दिन में भी डरती थी।

कहीं न चूल्हा पड़े फूँकना सोच ही माँ डर जाती।।
यह कैसी परिपाटी, यह कैसी परिपाटी।।

माँ दुर्गे बेटी की हर ले सारी दुश्चिंताएँ
रहे सुखी ससुराल सदा वह याद न मेरी आये।
यह सारी कामना हृदय रख माँ करती संझबाती।।
यह कैसी परिपाटी, यह कैसी परिपाटी।।

27. बदलें चलो कलेण्डर अपना

भोगी पीर समझिए सपना।
बदलें चलो कलेण्डर अपना।।
कैसे मुल्क विकास करें हम,
नया सृजित इतिहास करें हम।
संकीर्णता छोड़ विकसित हों,
स्वजनों नहीं उदास करें हम।
चिंतन हो दुबिधा को दफना।।
चलो कलेण्डर........

आशा के नव सुमन खिलायें,
सत्य पंथ को ही अपनायें
चाहे कितनी हो मजबूरी,
देशद्रोह न भाव जगायें।
भूल किसी को भी न ठगना।।
चलो कलेण्डर.........

नव प्रभात निश्चित आयेगा,
तिमिर निशा का भग जायेगा।
हो उम्मीद प्रबल यह मन में,
जीवन-विहग विहँस गायेगा।
तन से ही न मन से जगना।।
चलो कलेण्डर..........

संकल्पित सब होंगे काम,
हो जायेगा घर ही धाम।
ऐसा चिंतन सृजन करेंगे,
शांति मिलेगी सुबहो-शाम।

सिर्फ लक्ष्य हो आगे बढ़ना।।
चलो कलेण्डर..........

होगा गो-वंशों का आदर,
अब न शिवा बनेंगे बाबर।
होकर निडर शीश धर अपने,
लायेगी बाला जल गागर।
न होगी कोई दुर्घटना।।
चलो कलेण्डर...........

28. नया वर्ष तेरा अभिनंदन

बाला निडर बालपन विचरे अभय न कहीं विखण्डन।
कोयल कूक कमल खिल कहते नया वर्ष अभिनंदन।।

आगत के स्वागत में सरसों पीली चूनर ओढ़ खड़ी,
गेंदे फूल लहकते क्यारी हँसती गुलदावदी लड़ी।
शीश झुकाकर रहा दहेलिया उम्मीदों के संग वंदन।।
नया वर्ष तेरा अभिनंदन।।

स्वागत में नदियों की धारा चलती है इतरा करके,
मोर नाचते वन-उपवन में पंखों को बिखरा करके।
कलियों पर मंडराकर भंवरा करता है मृदु लय गुञ्जन।।
नया वर्ष तेरा अभिनंदन।।

करता दीन तुम्हारा स्वागत नई-नई अभिलाष लिए,
संतमना जग-हित में करता स्वागत पूजन जला दिये।
सूनी गोद भरो हे आगत झोली दीन कवी उर चिंतन।।
नया वर्ष तेरा अभिनंदन।।

घृणा द्वेष अज्ञान शीश पग धर कुचलो फैले वादों को,
ऐसी समरसता भर दो मन भूलें सभी विवादों को।
यही याचना नये वर्ष से हो भू भय पर मंथन।।
नया वर्ष तेरा अभिनंदन।।

सदा सनातन धर्म संस्कृति का होता उत्थान रहे,
विश्वपटल पर भारत यश का तनता विमल वितान रहे।
रोगमुक्त सारी वसुधा हो दमके काया कंचन।।
नया वर्ष तेरा अभिनंदन।।

29. विदूषक (जोकर)

रूप विशेष बनाकर हमको नित्य हँसाता है जोकर।
मगर कभी न इसके बदले हमें फँसाता है जोकर।।

आज न जाने कितने जोकर पहुँच गये सिंहासन,
सिर्फ फिजूल हरकतें करके देकर भोंड़े भाषण।
जोकर मन का साफ पेट की खातिर रूप बनाता,
रंग-बिरंगे वस्त्र पहन तुतला गा हमें हँसाता।
करने मनोविनोद सभी का गिरता खाकर ठोकर।।
रूप विशेष बनाकर हमको।।

एक जोकर बन झाड़ू फेरा दिल्ली की जनता पर,
एक हँसाता लोकसभा में आलू हेम बनाकर।
कभी लगाता गोली टोपी कभी पहनकर धोती,
कभी जनेऊ कुर्ते ऊपर पहन रखाता चोटी।
कहता कभी चोर पी. एम. को शर्म-हया धोकर।।
रूप विशेष बनाकर हमको।।

व्यथित-थकित काया में भरता जोकर है उल्लास,
उस पर न प्रभाव पड़ता है हँसो करो उपहास।
जोकर दलितों का है प्रतिनिधि दीनों का मुंहबोला,
वह चुप रहकर भी दर्शाता है समाज का चोला।
कैसी है यह रीति हँसाता जो सोता है रोकर।।
रूप विशेष बनाकर हमको।।

कभी अभावों के कारण भी मानव जोकर लगता,
और हँसाकर कभी-कभी वह पेट है अपना भरता।
हर युग काल किया है इसने कम तनाव मन का,
कर विनोद उपकार किया है दर्द हरा तन का।
तोंद फुला बनता है लाला और कभी वह लोफर।।
रूप विशेष बनाकर हमको।।

30. गणतंत्र दिवस

बलिदान ले असंख्यों गणतंत्र दिवस आया,
यह बात याद रखें औरों को भी बतायें।
कुर्बान हुए जो भी इस मातृभूमि हित में,
उनको करें नमन हम नत होके सिर झुकायें।।

संसद पे जो तिरंगा झंडा फहर रहा है,
वह सिर्फ वीर पुत्रों के रक्त की बदौलत।
उन्मत्त जल जलधि जो ऐसे लहर रहा है,
वह सिर्फ वीर पुत्रों के रक्त की बदौलत।
सम्मान करें उसका भूले से न लजायें।।
यह बात याद रखें औरों को भी बतायें।

गणतंत्र दिवस हमको यह भी बताने आता,
न देश से बड़ा है कोई भी जाति मजहब।
सब हैं समान इसके कानून की नजर में,
कोई भी धर्म पंथी अल्लाह राम या रब।
माँ मातृभूमि सेवा हरती सभी बलायें।।
यह बात याद रखें औरों को भी बतायें।

दूजे मुल्क तुम्हारा परिचय केवल भारतवासी,
तो क्यों भारत में रहकर न यह कहते।
छोटी-छोटी बातों को दे हवा मजहबी,
सदा मुल्क विघटन की साजिश में रहते।
राम-रहीम संग भारत माँ शीश झुकायें।।
यह बात याद रखें औरों को भी बतायें।

एक साल की उपलब्धी का मूल्यांकन,
करना हमें बताता है गणतंत्र दिवस।
हुई चूक जो किन्ही कारणों से हमसे,
लेना सबक सिखाता है गणतंत्र दिवस।
राष्ट्रभक्ति प्रेरित कर्मों का धर्म निभायें।।
यह बात याद रखें औरों को भी बतायें।

31. लक्ष्मण की कृतज्ञता

चौदह वर्ष तड़पकर काटा चढ़ी न भृकुटि कमान उर्मिले।
तुम-सी धीर भार्या पाकर मुझको है अभिमान उर्मिले।।

अकस्मात चल पड़ा भ्रात संग लेकिन तुमने न टोंका,
कैसे तुम बिन जी पाऊँगी कहकर तुमने न रोंका।
तेरा साहस त्याग सोचकर धक-धक करती है छाती,
बिन मेरे न जाने कैसे तुमने इतनी रातें काटीं।
पर जो होना होकर रहता विधि का यही विधान उर्मिले।।
तुम-सी धीर भार्या पाकर।।

प्रिये अगर तुम साथ न देती फर्ज निभा पाता न मैं,
चौदह वर्ष विकट वन प्रहरी सदृश बिता पाता न मैं।
तेरे ही तप-त्याग शक्ति-बल मेघनाद मारा मैंने,
अनुकरणीय भ्रात का झण्डा जग में है गाड़ा मैंने।
तेरी पलकें मेरी खातिर बनी हैं नील वितान उर्मिले।।
तुम-सी धीर भार्या पाकर।।

होते देख विछोह गिरे न नमन अश्रुकण नयनों को,
लुटती खुशियाँ देख मूक उन अधरों के मृदु बयनों को।
धन्य उदर वह जिसने जन्मा ऐसी तनया पतिव्रता,
जो पति रूप बसाकर उर में रही निरन्तर कर्मरता।
पग रज तेरी रोली चंदन मुख दर्शन प्रभु भान उर्मिले।।
तुम-सी धीर भार्या पाकर।।

तुमने मर्यादा संस्कृति संबन्धों का निर्वहन किया,
कुल परिवार राज्य की खातिर इच्छाओं का दमन किया।
निर्मोही पति को न कोसा बल्कि किया उस पर अभिमान,

किया सुमित्रा जी की सेवा बिल्कुल उनके पुत्र समान।
तेरी जैसी नारी पर ही करता विश्व गुमान उर्मिले।।
तुम-सी धीर भार्या पाकर।।

तेरे ही तप-त्याग बदौलत आज लक्ष्मण नाम अमर,
तुम जैसा जीवनसाथी तो न अजेय है कोई समर।
चौदह वर्ष समय न थोड़ा फिर भी हँसकर काट लिया,
मेरी भी जिम्मेदारी को बिना किए उफ बाँट लिया।
इन्हीं गुणों के चलते ही तुम जग में बनी महान उर्मिले।।
तुम-सी धीर भार्या पाकर।।

32. मेरा प्यारा ध्वजा तिरंगा

बलिदानों की याद दिलाता, शांति और सद्भाव सिखाता।
खुशी और समृद्धि जताता, मेरा प्यारा ध्वजा तिरंगा
केसरिया रंग है बलिदानी भरता स्वाभिमान मन में,
कैसी भी हो विषम परिस्थिति भय न पनपे इस तन में।
जो डर जाता मातृभूमि हित न कर पाता है कुछ भी,
जो न डरता चिंतन करता रहता भले छुपा वन में
राणा की है याद दिलाता मेरा प्यारा ध्वजा तिरंगा।।
खुशी और समृद्धि जताता।।

श्वेत रंग सद्भाव शांति का देता है संदेश हमें,
सत्य पंथ से न हों विचलित भले ही थोड़ा क्लेश हमें।
उड़ते दो कपोत कहते हैं हम फैलायेंगे सद्भाव,
स्वर्ग लगेगा अगर हृदय से, अपना प्यारा देश हमें।
चलो चक्र-सा है समझाता मेरा प्यारा ध्वजा तिरंगा।।
खुशी और समृद्धि जताता।।

हरा रंग समृद्धि सृजन का द्योतक प्रेरणादाता,
इसका भू के हर जीवों संग एक अटूट है नाता।
इसका कर अनुगमन लक्ष्य की सीढ़ी हैं चढ़ सकते,
जो करता है कर्म वही सबके मन को है भाता।
खुशियों की सौगात लुटाता अपना प्यारा ध्वजा तिरंगा।।
खुशी और समृद्धि जताता।।

33. साहस सीमा पार सफलता

करने को तो हर प्राणी करता श्रम है,
जिससे मिले सफलता वह सीमा लांघो।
किसी हाल में लक्ष्य हमें पाना ही है,
ऐसी दृढ़ इच्छा हिम्मत मन में बांधो।।
अगर सफल हो गये लक्ष्य में ज्ञानी हो,
नहीं हुए तो खुद का ज्ञान चिढ़ायेगा।
जो संयोगी पहुँच गया कुर्सी हद तक,
बैठ सूत्र उपलब्धी तुम्हें पढ़ायेगा।
भ्रान्ति भरोसा भाग्य छोड़ मन को साधो।।
जिससे मिले सफलता वह सीमा लांघो।।

अथक परिश्रम भाग्य बदलते देखा है,
कर्मों से रेखाएं भी हैं मुड़ जाती।
अगर सार्थक चिंतन चित्त चपल न हो,
कटी हुई रेखाएं भी हैं जुड़ जाती।
दृढ़ता पागलपन से मिल सकते माधो।।
जिससे मिले सफलता वह सीमा लांघो।।

था जुनून शंकर सुभाष संग एक अकेला,
जिसके बल इतिहास रच दिया दोनों ने।
एक हुआ शंकराचार्य दूजा नेता,
रखी जग मिसाल ही अद्भुत दोनों ने।
हिम्मत हो तो शिला उठा सकते कांधो।।
जिससे मिले सफलता वह सीमा लांघो।।

सिर्फ देख सागर ही उठता सिहर बदन,
किंतु तैर कर पार किया सावरकर ने।

यह अदम्य साहस का चरम दृश्य ही था ,
फटी रह गयी आँख दिया सावरकर ने।
गढ़ना जो इतिहास अग्निधारा फांदो।।
जिससे मिले सफलता वह सीमा लांघो।।

बाल्मीकि जमदग्नि भगीरथ सावित्री,
नाम लिखा स्वर्णाक्षर में संकल्पों से।
जब तक सृष्टि रहेगी वे जिंदा होंगे,
सुयश रहेगा आता सारे हल्कों से।
चपला चाह अगर जलधार नदी बाँधो।।
जिससे मिले सफलता वह सीमा लांघो।।

34. हर अधर मुस्कान है

भले उनके लिए कोई दिवस होगा प्यार का,
मेरा तो जीवन ही सारा इसी पर कुर्बान हैं।
सांस हर उनके लिए है खून की हर बूँद उनकी,
दिवस की सारी खुशी उन पर निछावर प्रान है।।

मेघ बरसे जब झमाझम थमाता छाता उन्हें,
और खुद बूँदों से लड़ता सहमता तूफान है।
पांव न जाये फिसल उनको बिठाकर साइकिल,
जब चलूँ पैदल विहंसती हर अधर मुस्कान है।।

प्रीति अंतर्मन पनपती कभी काया गुण निरख,
इसको वैभव भय से पाना मीत न आसान है।।
वेलेंटाइन डे महज है वासना का दिवस उत्सव,
यह तो है जस प्रेम डिजिटल गुलमोहर उद्यान हैं।

सात फेरा आत्मा की गाँठ जो खुलती नहीं,
जो समझ पाता इसे न मूढ़मति इंसान है।।

35. अनुबंध

जब तक है विश्वास प्रीति का आपस में अनुबंध।
तब तक ही जीवन में होती खुशियों भरी सुगंध।।

रिश्ते-नाते भक्ति प्रणय में,
समरसता की पावन लय में।
जीवन की अनंत चाहत में,
और जगत के महाप्रलय में।
जहाँ न समझौतों का पालन कल्पित सिर्फ वसंत।।

मिथ्या जगत समझता जो है,
आत्म खुशी बस पाता वो है।
जो दौड़ता पृष्ठ कंचन मृग,
वह तो माटी का माधो है।
है स्वप्निल सुख उसकी खातिर पर कामना अनंत।।

दृष्टि न होगी जब तक व्यापक,
हर गतिविधि होगी निज घातक।
चाहत बस आकाश सुमन-सी,
पाना कठिन पंथ है दाहक।
दुविधा भ्रम भय बाधक होता मिलन आत्मा कंत।।

36. यादें

उर बेचैनी बढ़ी याद उनकी आई।
बहती मंद समीर झूमती अमराई।।
अलसी मटर सेम बर्र तक फूल गई,
प्रिये न जाने तुम क्यों मुझको भूल गई।
पेड़ों लसी बेर यौवन सी गदराई।।
उर बेचैनी बढ़ी याद उनकी आई।।

फूल बैठ मकरंद लूटती अलि टोली,
मुख चूमे सुमनों के उड़ तितली भोली।
सौरभ उड़े बयार प्रकृति है अलसाई।।
उर बेचैनी बढ़ी याद उनकी आई।।

यादें बहुत सताती हैं रह-रह तेरी,
दौड़ फाटती निशा काम की रणभेरी।
होते मंगलगान छिड़ी धुन शहनाई।।
उर बेचैनी बढ़ी याद उनकी आई।।

कही-सुनी बिसराओ आओ घर अपने,
तुष्टि नहीं हैं दे सकते कोरे सपने।
स्मृति पटल झूमता तेरा आलिंगन अंगड़ाई।।
उर बेचैनी बढ़ी याद उनकी आई।

जीवन का मधुमास गया न आयेगा,
अपनी गलती पर शठ हठ पछतायेगा।
साथ रहेगी घुटन वेदना कुंठा तनहाई।।
उर बेचैनी बढ़ी याद उनकी आई।

37. पुलवामा के वीर शहीदों

पुलवामा के वीर शहीदों तुमको नमन हमारा।
अपने प्राण दीप से तुमने किया दूर अंधियारा।।

चले जवां चालीस सुरक्षा को वाहन से अपने,
सीमा से दुश्मन खेदेंगे देख रहे थे सपने।
इतने में है हुआ धमाका एक बड़ा जोरों का,
लाश बिछ गई चंद क्षणों में गूँज आह शोरों का।
जैश मोहम्मद आत्मघात ने कुटिल है रूप पसारा।।
पुलवामा के वीर शहीदों।।

दो हजार उन्नीस फरवरी चौदह का वो दिन था,
प्रात जवानों से वाहन का भरा हुआ केबिन था।
सीमा निगरानी रखने निकले जवान शेरों से,
चंद क्षणों में हुआ धमाका सैन्य यूथ जोरों से।
केसर भूमि वीर पुत्रों की बही खून की धारा।।
पुलवामा के वीर शहीदों।।

रक्त उबलने लगा देश का सुन घटना,
हर जवान था लगा लाल सबको अपना।
आज लगा मोदी को कुछ करना होगा,
आतंकी छाती पर पग धरना होगा।
उनके मौन तनी भृकुटी ने था कुछ किया इशारा।।
पुलवामा के वीर शहीदों।।

इस घटना ने बदल दिया भारत के चिंतन सुर को,
सत्ता देव हुए संकल्पित करने नष्ट असुर को।
पुञ्जीभूत देशभक्ती ने व्यूह रचा स्ट्राइक,
वायु जवानों ने दिखलायी अपनी ताकत हाइट।
सुबह हुआ स्तब्ध हाल सुन जगती का जन सारा।।
पुलवामा के वीर शहीदों।।

38. माँ मंद-मंद मुस्काती है

बर्तन माँज पढ़ाती बच्चे तनिक नहीं शरमाती है।
सारे दु:ख सह करके भी माँ मंद-मंद मुस्काती है।

जब बच्चे पढ़ने को जाते देख-देख गदगद होती,
आँखों से अनचाहे झरते स्नेह सिक्त उसके मोती।
जब विद्यालय से घर आते गोदी उठा खेलाती है।।
सारे दु:ख सह करके भी माँ मंद-मंद मुस्काती है।।

बच्चों के भविष्य की खातिर घर -घर धुलती है बासन,
तब जाकर पूरा कर पाती पुस्तक फीस और राशन।
दीनों की इस हालत पर न सत्ता तनिक लजाती है।।
सारे दु:ख सह करके भी माँ मंद-मंद मुस्काती है।।

पढ़-लिखकर दु:ख दूर करेंगे माता सपन देखती है,
बेटों को ले साथ शाम को रोटी गर्म सेंकती है।
दुलरा-फुसला उन्हें खिलाती बचा-खुचा खुद खाती है।।
सारे दु:ख सह करके भी माँ मंद-मंद मुस्काती है।।

मुझको भी सम्मान मिलेगा बेटा जब साहब होगा,
जायेंगे सब भूल कष्ट जीवन में जो अब तक भोगा।
कर कल्पना सुखद अपने को बार-बार समझाती है।।
सारे दु:ख सह करके भी माँ मंद-मंद मुस्काती है।।

39. ग़ज़ल

इतनी की नादानियाँ न गाल जितना है फुलाया।
हर किए मनुहार निश्छल प्रीति को कैसे भुलाया।।

जब कभी कांटा गड़ा चलते हुए संग राह में,
थे हुए बेचैन तन को बाँह में अपनी उठाया।।

थी नहीं सामर्थ्य फिर भी जानकर इच्छा तेरी,
तीज में सोने के झुमके चुपके तेरे हेतु लाया।।

यह भी सच है प्यार करती आत्मा से तुम मुझे,
बस इसी से तेरी खातिर रूह तन को है तपाया।।

आओ बैठो पास खुलकर जो खता हमसे कहो,
अब नहीं सहने की क्षमता दिल धड़कता कंपे काया।।

चाहता हूँ मुस्कराते देखना अवशेष जीवन,
फिर न जाने क्या हो आगे कौन जाना काल-माया।।

प्रिये तेरी सब व्यथायें झेल जाऊँ हुलस मन से,
किन्तु जाने क्यों अभी तक मुझसे उनको है छिपाया।।

40. क्या दोगे तुम साथ हमारा

आप कहें तो कुछ बोलूँ,
गाँठ हिया की मैं खोलूँ।
बहुत दिनों से सोच रहा था,
रोक मगर संकोच रहा था।
अबकी बार मनायें होली ,
दलित मोहल्ले दीनों खोली।
क्या दोगे तुम साथ हमारा, बोलो न?

जिसके घर न आग जली,
जिसकी किस्मत गई छली।
गुझिया को बच्चे तरसे,
देख उन्हें नयना बरसे।
चूल्हे ऐसे बुझे जलायें,
कुछ यूं होली चलो मनायें।
क्या दोगे तुम साथ हमारा,बोलो न?

एक दिवस न चाय पियेंगे,
मानवता के हेतु जियेंगे।
इस धन से होली सामान,
लेंगे जाकर स्वयं दुकान।
मेवा चीनी रंग पिचकारी,
पापड़ चिप्स हरी तरकारी।
क्या दोगे तुम साथ हमारा, बोलो न?

सच मानो उनकी मुस्कान,
हमें बनायेगी इंसान।
आत्म खुशी अनुभव होगी,

जैसे औषधि खा रोगी।
चलो लगायें न देरी,
संत संस्कृति ने टेरी।
क्या दोगे तुम साथ हमारा, बोलो न?

चलो हवा दें चिंतन को,
झकझोरें हर तन मन को।
द्वेष ईर्ष्या बहुत किया,
जला बुझाया बहुत दिया।
कुछ तो काम देशहित में ,
इंसानियत देशहित में
क्या दोगे तुम साथ हमारा, बोलो न?

41. होता है परिणाम सुखद

अगर लक्ष्य संकल्पित हो,
छुपा हुआ सबका हित हो।
होता है परिणाम सुखद।।
मछली आँख बेध न पाते ,
अर्जुन अगर तनिक घबराते।
उनकी दृढ़ता का परिणाम,
द्रुपद सुता ले आये धाम।
पाये श्रेष्ठ धनुर्धर पद।।
होता है परिणाम सुखद।।

प्रतिमा में ही गुरु का रूप,
देखा था एकलव्य अनूप।
अदृश कृपा पा द्रोणाचार्य,
हुआ धनुर्धर बिन आचार्य।
देख हुई गुरुता गदगद।।
होता है परिणाम सुखद।।

दृढ़ भक्ती पी गयी हलाहल,
हुई अमर रिपु चाल विफल।
माटी मूरत श्याम बसे,
भक्त मोह भगवान फंसे।
राणा हुआ चूर सब मद।।
होता है परिणाम सुखद।।

राज दीप न बुझने पाया,
अपना दीपक भले बुझाया।
पन्ना धाय अमर इतिहास,

हो सेविका बन गई खास।
लांघी त्याग यकीं की हद।।
होता है परिणाम सुखद।।

शबरी की प्रभु भक्ति अटूट,
टकरा गया काम मद टूट।
गुरु वचनों पर दृढ़ विश्वास,
आये जीवन प्रभु मधुमास।
पायी दरश राम रज पद।।
होता है परिणाम सुखद।।

42. जमुन तट खेलैं होरी मुरारी

गोपी ग्वाल गुलाल उड़ावें,और रंग पिचकारी।
जमुन तट खेलैं होरी मुरारी।।

गावैं फाग थाप ढोलक के, कबिरा और लचारी।
थिरकैं गोपिन संग मिलि ग्वाला, माधौ बने मदारी।।
जमुन तट खेलैं होरी मुरारी।।

सबहिं देव धर रूप मनुज तन उतरे जमुन कछारी।
छोड़ ध्यान जप नंदी गौरा गोप बने त्रिपुरारी।।
जमुन तट खेलैं होरी मुरारी।।

उड़े गुलाल अबीर गगन में भई लाल दिशि चारी।
गोपिन संग डार गरबहिंया नाचैं कुञ्ज बिहारी।।
जमुन तट खेलैं होरी मुरारी।।

गोर सांवरो बच्यो न एकौ सबके मुंह रंग डारी।
गोद उठाय अधर मुख चूम्यो राधा के बनवारी।।
जमुन तट खेलैं होरी मुरारी।।

ऐसी होली देखि बजावैं गौरा लक्ष्मी तारी।
बैठी स्वर्ग हंसैं ब्रह्माणी देवि जायं बलिहारी।।
जमुन तट खेलैं होरी मुरारी।।

धनि-धनि भागि गोप गोपिन के धनि वृंदावन सारी।
धनि जमुना तट होरी खेलैं चक्र सुदर्शन धारी।।
जमुन तट खेलैं होरी मुरारी।।

43. आओ नूतन वर्ष वसंती बेला है

हर बिरवे पर सुमन खिला अभिनंदन करता तेरा।
आओ नूतन वर्ष वसंती बेला है।
महक उठी अमरायी मधुप कोचाने हैं,
बौरों में पड़ गये आम के दाने हैं।
गेहूँ बालों पर मौसम ने कंचन रंग उड़ेला है।।
आओ नूतन वर्ष वसंती बेला है।

वासंती नवरात्र शंख ध्वनि देवालय,
माँ दुर्गे शारदे गूँजती है जय-जय।
दुर्गा सप्तशती का वाचन लगे धाम हर मेला है।।
आओ नूतन वर्ष वसंती बेला है।

पर्ण जीर्ण त्यागा तरुओं ने नव पल्लव धारे,
रक्त कोपलें मुस्का तुझ पर अपना तन वारें।
ताप काम का विरहिणियों ने बड़ी बेबसी झेला है।।
आओ नूतन वर्ष वसंती बेला है।

देवालय गुलजार सून है मधुशाला,
जिनके कर गिलास होती तुलसी माला।
दोराहे पर खड़ा किया ला गजब प्रकृति का खेला है।।
आओ नूतन वर्ष वसंती बेला है।

हुए शुरू शुभ कार्य आगमन से तेरे,
मुंडन तिलक बरिक्षा संग सात फेरे।
मधुरिम बजे ढोल शहनाई आगे लाइट का ठेला है।।
आओ नूतन वर्ष वसंती बेला है।

44. बचपन

फुदक रहे मेढक से डरना,
उड़ती चिड़िया दौड़ पकड़ना।
छोटी-छोटी बातों में गुस्साना लेट जमीं पर जाना।
याद हमें आता बचपन।।

ढेला मार तोड़ना अमिया,
करना सैर बुआ की कनिया।
लेट तोड़ना मटर फली को, चकर-मकर लखकर भग जाना।।
याद हमें आता बचपन।।
गन्ना तोड़ मेड़ पर चुहना,
पैर बाँकर बकरी दुहना।
कौड़ा से बाबा की आलू ,चुपके-चुपके सब खा जाना।।
याद हमें आता बचपन।।

ओढ़ रजाई में घुस जाना,
मम्मी का जोरों चिल्लाना।
खाना डांट रोज पापा की, अम्मा बैठ मुझे समझाना।।
याद हमें आता बचपन।।

लेकर बैट निकलना घर से,
चुपके घुसना बाबा डर से।
पानी देख कंप कंपी होना , मम्मी का जबरन नहलाना।।
याद हमें आता बचपन।।

45. क्या कोई समझौता है

असुर दशानन हंता रघुवर, कलि में क्यों जीवित दशकंधर।
क्या कोई समझौता है ?
त्रेता में रावण की खातिर, जाने क्या-क्या कर डाला,
मीत बना सुग्रीव बालि का छुप करके बध कर डाला।
अंगद को युवराज बनाया जलधि झुकाया निज पग पर,
नील और नल के हांथो से पुल बनवाया सागर पर।
विवश नारि-अपमान देखकर क्यों न जाती देह सिहर।।
क्या कोई समझौता है ?

तरी अहिल्या छू चरणों को शबरी गयी आपके धाम,
धन्य किया केवट कुटुम्ब को चरण धुलाकर रघुवर राम।
विहग जटायू गोद उठाया अंतिम क्रिया किया मन से,
परहित प्राण गंवाया जिसने मुक्त किया उसको तन से।
शरण दिया लंकेश भ्रात को आज अनगिनत हैं बेघर।।
क्या कोई समझौता है ?

रखने को मरजाद राज की पत्नी पहुँचाया कानन,
आज देश चाहे मिट जाये नहीं छोड़ता कोई स्वजन।
पितृ वचन रखने की खातिर कुश तृण बिछा धरा सोये,
चले कंटकों पर बिन पनही खो भार्या छुप-छुप रोये।
कहाँ गया वह स्वाभिमान क्यों आँख मूँद ली देख कहर।।
क्या कोई समझौता है ?

जिसे उठा न सका कोई नृप शम्भु सराशन तोड़ दिया,
भाई भरत हेतु हँस करके पा सिंहासन छोड़ दिया
आज भ्रात ले रहे प्राण हैं निज भाई का हेतु जमीं,
क्यों न लाते इस चिंतन में हे प्रभु कुछ भी आप कमी।
अबला दीन दलन जारी है चाहे नगर या गाँव शहर।।
क्या कोई समझौता है ?

46. कलरव

कर रहे कलरव अगर खग न उड़ायें।
थोड़ा अपना स्नेह उन पर भी लुटायें।।
फुदकते आंगन में आ आकाश से,
चुगते हैं दाना बड़े विश्वास से।
दबा अपने चोंच दाना फुर्र उड़ती,
डाल चूजे मुख पखेरू वेग मुड़ती।
उसके जिम्मेदारियों को सिर झुकायें।।
थोड़ा अपना स्नेह उन पर भी लुटायें।।

विहग मानव मित्र सदियों से रहे हैं,
उनके कलरव में खुशी के स्वर बहे हैं।
उनका आंगन में उतरना मांगलिक,
क्रोध उन पर न दिखाओ तुम तनिक।
अपने घर-का घोसला उनका बचायें।।
थोड़ा अपना स्नेह उन पर भी लुटायें।।

हो सके तो धरें बर्तन जल भरा,
उनको हम सब का ही तो है आसरा।
तृप्त मन कलरव करेंगे जब विहग,
खुशियाँ बरसेगीं घरों में मीत तब।
चलो इनको गेह प्राणी हम बनायें।।
थोड़ा अपना स्नेह उन पर भी लुटायें।।

पछियाँ देते खुशी हैं बालमन,
उनकी सुन आवाज उठते प्रात जन।
वे हैं कहते उठो जागो कुछ करो,
भाग्य को कोसो न कर को सिर धरो।

यूँ दहाड़ो कि दिशाएं सहम जायें।।
थोड़ा अपना स्नेह उन पर भी लुटायें।।

गरुण उल्लू हंस वाहन देव के,
मोर नर्तन कर सहज जन मोहते।
काक शुक सदियों से वक्ता वेद के,
उनके दर्शन क्लेश को हैं बेधते।
लड़ा दशकंधर जटायू भले अपने पर कटाये।।
थोड़ा अपना स्नेह उन पर भी लुटायें।।

47. याद तुम्हारी आयी माँ

याद तुम्हारी आयी माँ जब, तावे से है हाथ जला।।
डांट लगायी पापा ने क्यों नीचे देख नहीं चलते,
बैठो चलो हाथ ले करके जब तक न छाले गलते।
नहीं किसी ने गोद उठाया पूछा कैसे जले भला।।
याद तुम्हारी आयी माँ जब।।

तुम होती तो हमसे ज्यादा रोती बिलख-बिलख करके,
बैठी रहती गोदी में ले सीने से चिपका करके।
बीच-बीच में पूछा करती लाऊँ खालो चना तला।।
याद तुम्हारी आयी माँ जब।।

जलने से ज्यादा पीड़ा माँ लोगों के व्यवहार से है,
किसी व्यक्ति में न अपनापन उनके इस प्रतिकार से है।
सिर पर हाथ न फेरा कोई यह बर्ताव है बहुत खला।।
याद तुम्हारी आयी माँ जब।।

जब अपने बच्चों को लगती चोट बहुत चिल्लाती चाची,
पर मेरे जलने से भन-भन ऐसे करती जैसे माछी।
कई बार माँ गले लिपटने को मेरा है मन मचला।।
याद तुम्हारी आयी माँ जब।।

सपने में ही माँ आ करके सहला जाओ हाथ मेरा,
मैं निहाल हो जाऊँगा बस देख तेरा मुंह नेह भरा।
अभी तलक सब ने झूठी हमदर्दी से है हमें छला।।
याद तुम्हारी आयी माँ जब।।

48. अंतर्मन का खोल किंवाड़

अंतर्मन का खोल किंवाड़ा पिय से बात करो।
अपने जीवन अंधियारे में नव परभात करो।।
यद्यपि जीवन संबन्धों का मूल्य नहीं कम होता,
फिर भी जो फंस जाता इसमें जीवन भर है रोता।
लोभ काम धन सुन्दरता से न है छुट्टी पाता,
सब स्मरण है रहता लेकिन एक न याद विधाता।
जीवनदाता प्रभु चरणों में नश्वर गात करो।।
नव परभात करो।।

करना काम बंद कर देतीं शिथिल इन्द्रियाँ सारी ,
और घेर लेती नाना विधि रोग और बीमारी।
तब अपनी भूलों पर पश्चाताप है करता मानव,
हृदय सताती बात करेंगे कैसे पार दुसह भव।
रहते समय चेत रे पगले हरि पद माथ धरो।।
नव परभात करो।।

निज सुत भ्रात बांधव भार्या कोई साथ न देगा,
हाथ पकड़ यम चलेगा जब ले कोई नहीं दिखेगा।
कुछ दिन करेंगे याद सुबककर स्वारथ में रोयेंगे,
धीरे-धीरे भुला तुम्हें सब चैन नींद सोयेंगे।
एक ईश सच्चा है साथी सुनो कान-बहरो।।
नव परभात करो।।

सारी पूँजी लगा बनाया जो बंगला है तुमने,
कालग्रास बन जायेगा वह किसे है छोड़ा घुन ने।
यहाँ फरा जो झरा है निश्चित हँसा जो है रोया,
मुक्ति वही पा सका है भव से प्रभु विश्वास है बोया।
शांति खुशी कल्पना अगर मन निर्बल पीर हरो।।
नव परभात करो।।

49. मुस्कानेवालों से बचना

गद्दारों के साथ बैठना, है सम्मान घटाना अपना।
मिला इन्हें हो आदर ऐसी न कोई दुनिया में घटना।।

विष्णु भक्त था भले विभीषण पर न कोई रखता नाम,
भ्रात संग गद्दारी का ना दाग मिटा पाये श्रीराम।
किया प्रतिज्ञा जो रघुवर ने पूर्ण किया लंकेश बना,
पर जीवन भर एक कलंक का कोहरा छाया रहा घना।
सब कुछ करना पर गद्दारी से जीवन भर तुम बचना।।
गद्दारों के साथ बैठना, है सम्मान घटाना अपना।

गद्दारों के ही कारण आजाद शहादत हो पायी,
झांसी किले फिरंगी सेना भी तो इन्होंने पहुँचायी।
एक नाम जयचंद हुआ गद्दारों का पर्याय यहाँ,
जो निज रूप बदल कर डसता रहता पूछो नहीं कहाँ।
इसका धंधा धर्म लक्ष्य है बस एक मानव को ठगना।।
गद्दारों के साथ बैठना, है सम्मान घटाना अपना।

अब तो गद्दारी ने अपना पाँव जमाया सम्बन्धों में,
राष्ट्रभक्ति धार्मिक निर्णयों राजनीति के अनुबंधों में।
नेता के चरित्र अभिभाषण तक में घुस बैठी गद्दारी,
भाई और मित्र को भी न है छोड़ी ऐसी बीमारी।
ठगों दलालों चमचों का तो यही पसंदीदा है गहना।।
गद्दारों के साथ बैठना, है सम्मान घटाना अपना।

होशियार वह जिसमें चालाकी बेशर्मी है मक्कारी,
इसके ही बल पर है वह करता संग किसी के है गद्दारी।
बड़ा बेरहम होता पर दिलवाला खुद को बतलाता,
रिश्ते-नाते साथ मित्रता देश-भक्ति तक से नाता।
मीठे बोल स्वांग हित-चिंतक मुस्कानेवालों से बचना।।
गद्दारों के साथ बैठना, है सम्मान घटाना अपना।

50. क्या मन में है बम भोले

आसमान से कभी बरसते शोले और कभी ओले।
क्या मन में है बम भोले॥

पहले ही बर्बाद कर दिया गेहूँ सरसों खड़ी फसल,
जो कुछ बचा सड़ाया उसको बरसा पानी टहल-टहल।
भूसा तक को भी न बख्शा गायें-भैंसें क्या खायेंगी,
छोड़ किसान दिया इनको तो बोलो भला कहाँ जायेंगी।
करो रहम कुछ जीव निहारें तेरी ओर आँख खोले॥
क्या मन में है बम भोले॥

मौसम गति लय बदल चाहते क्या आ जाये बीमारी,
या संतुलन बिगाड़ प्रकृति का है विनाश की तैयारी।
कोरोना की चोट अभी तक सहला रहा देश सारा,
उस पर बेमौसम बारिस का कहर आपने है डारा।
बेदर्दी धीरज के रण में जायेगा पिस राम बचोले॥
क्या मन में है बम भोले॥

बेटा ब्याह धूम से होगा था कितना उत्साह भरा,
कार्ड छपाया बंटे निमन्त्रण मंडप द्वार रहा लहरा।
दुप्प-दांय कर बिजली झालर शोभा बढ़ा रही घर की,
महिलायें थी लालायित बस झलक देखने को वर की।
इतने में ही पट-पट करके लगे गगन से गिरने ओले॥
क्या मन में है बम भोले॥

बचा सभी सिर अन्दर भागे एक सन्नाटा पसर गया,
सारी सज्जा ख्वाब क्षणों में पलक झपकते बिखर गया।
सिर्फ द्वार पूजा की रस्में एक हाल में हो पायी,
किसी तरह से जाय ब्याह हो समझा रहे पिता नाई।
ना जयमाल न जूताचोरी ना ही दगे पड़ाके गोले॥
क्या मन में है बम भोले॥

51. साथ निभाना साथिया

साथ निभाना साथिया।
जैसे दीपक तेल दिया।।
बीच रास्ते साथ छोड़ दे वह भी कोई साथी है,
बिन तेरे यह कंचन काया सच में मानो माटी है।
तड़प-तड़प मर गई मीन है, बिन न नीर जिया।।
साथ निभाना साथिया।।

नहीं असंभव दुनिया में कुछ सच्चा हो हमराही,
दरिया आग पार कर सकते संग-संग जो परछायी।
मीरा ने प्रभु साथी बल पर, प्याला जहर पिया।।
साथ निभाना साथिया।।

एक आस ले संग चल रही तुम न छोड़ोगे,
किसी परिस्थिति में भी हमसे न मुख मोड़ोगे।
सच्चा साथ न छोड़ा पति को, यम से मुक्त किया।।
साथ निभाना साथिया।।

सागर पार किया रघुवर ने हेतु निभाने साथ,
तहस नहस कर लंका सिय का उच्च किया था माथ।
लाज बचाई सम्बंधों की, हर क्षण सिया पिया।।
साथ निभाना साथिया।।

52. प्रकृति-दोहन

संचय भूल गये सब ही हैं दोहन याद रहा।
सबने एक निर्मम भविष्य की कसकर बाँह गहा।।
एक कूप से जल पीता था सारा गांव-मोहल्ला,
कभी नहीं होता था तै मै कोई भी हो हल्ला।
किन्तु आज हर घर के अन्दर समरसिबल का पानी,
नहीं पड़ोसी से है पटती सबकी यही कहानी।
करते बंद तुरंत बटन हैं चाहे रहा नहा।।
सबने एक निर्मम भविष्य की कसकर बाँह गहा।।

यही हाल जो रहा धरा की छाती होगी छलनी,
सबको ही भोगनी पड़ेगी सजा किया जो करनी।
कहीं बैठ जायेगी धरती कहीं अकाल पड़ेगा,
कोई तड़पेगा जल के बिन कोई डूब मरेगा।
अपनी आँखों से देखेंगे कंचन महल ढहा।।
सबने एक निर्मम भविष्य की कसकर बाँह गहा।।

जंगल से लकड़ी का दोहन प्रकृति संतुलन बिगड़ा,
कोई इसे बचाने खातिर ना करता है झगड़ा।
सिर्फ लाभ प्रत्यक्ष दीखता सब अंधे स्वारथ में,
सारा जग धृतराष्ट्र हो गया गधे जुत रहे रथ में।
अर्जुन मोह हुआ है सबको जाता ज्ञान बहा।।
सबने एक निर्मम भविष्य की कसकर बाँह गहा।।
पानी पेड़ रहा न तो फिर हवा कहाँ से लोगे,
सारा दोष प्रकृति ईश्वर को चिल्ला करके दोगे।
धरा जलेगी तवा सरीखे तड़पोगे पानी बिन,
रखोगे बर्तन में पानी मजबूरी में गिन-गिन।
याद आयेगी बात हमारी क्यों न किया कहा।।
सबने एक निर्मम भविष्य की कसकर बाँह गहा।।

53. आओ पर्यावरण बचायें

जल-स्रोतों की करें सफाई अधिकाधिक तरु फूल लगायें।
आओ पर्यावरण बचायें।।

नदी घाट न छोड़ें कूड़ा न गंदगी बहायें जल में,
पालीथिन पत्ता कागज को डालें कूड़ादान बगल में
घर के बगल खुली नाली में चूना डाल कीट मारें,
कोशिश करें रुके न पानी रखें ध्यान लोग सारे।
जागरूक स्वच्छता समर्थक अपने को शिक्षित दिखलायें।।
आओ पर्यावरण बचायें।।

जहरीले अपशिष्ट और कांटों को चुन लें,
अगर बोलता कोई उसकी बातें सुन लें।
मरे हुए जानवर डाल गड्ढे में तोपें,
अगर कोई फेंकता है बाहर उसको रोकें।
अपनी करें सुरक्षा खुद ही औरों को भी यह समझायें।।
आओ पर्यावरण बचायें।।

पेड़ लगाकर प्राणवायु की पूर्ति करें हम।
डर कटने की हो तो नीचे मूर्ति धरें हम।
न विषाक्त जल छोड़ें कभी ताल या पोखर,
पी इसको वन जीव पखेरू जाते हैं मर।
न अपराध शीश लें अपने न ही प्रकृति शत्रु कहलायें।।
आओ पर्यावरण बचायें।।

धान-पुआल लाँक गेहूँ की भूले से भी नहीं जलायें,
प्राण-वायु में निज स्वारथ बस न जहरीली गैस मिलायें।
कीटनाशकों का कम-से-कम हम उपयोग करें,

प्रकृति जन्य अधिकाधिक पोषक तत्त्व प्रयोग करें।
मित्र कीट को जितना संभव करें सुरक्षित और बचायें।।
आओ पर्यावरण बचायें।।

ना गाली दें न ही मुख से कटु वाणी बोलें,
न समाज में जहर शत्रुता का अपने घोलें।
इससे पर्यावरण प्रदूषित मन-विकार है होता,
प्रेम स्नेह भाईचारा है पलक झपकते खोता।
रखें मन वाणी पर अंकुश लोगों को सदमार्ग बतायें।।
आओ पर्यावरण बचायें।।

54. माता-पिता-देव प्रत्यक्ष

कलयुग में प्रत्यक्ष देव हैं इस धरती पर माँ अरु बाप।
जो इनको संतुष्ट कर गया ना उनको होगा संताप।।

माँ नौ माह उदर में रखकर अपना देकर खून पालती,
अपने हाथों शौच कराती दूध पिला तन शक्ति डालती।
रात-रात भर जागा करती थोड़ा सा ज्वर होने पर,
भोजन छोड़ दौड़ती फौरन सोता बच्चा रोने पर।
स्नान कराती, तेल लगाती उबटन देह पुष्ट करती,
बच्चे की रक्षा में माता सांप शेर तक से लड़ती।
इसे दुखाना न भूले से यह पूजा-व्रत यह ही जाप।।
कलयुग में प्रत्यक्ष देव हैं ....।।

पिता घोर श्रम करता अपने बच्चों की खातिर दिन भर,
उसकी खुशियाँ सभी कष्ट को लेती हैं एक पल में हर।
मेड़ बाँधता धान रोपता धूप खड़े हो करे सिंचाई,
चलती लूक दुपहरी में वह करता थ्रेशर चढ़ा मड़ाई।
संतानों की ही खातिर अपमानित कभी-कभी होता,
लेकिन बिल्कुल न घबड़ाता ना ही बैठ कभी रोता।
उसके इस तप त्याग धैर्य की गहराई न सकते नाप।।
कलयुग में प्रत्यक्ष देव हैं ....।।

माता-पिता मूर्ति ममता की इनका कोई नहीं विकल्प,
बच्चों के भविष्य की खातिर लड़ते हर क्षण ले संकल्प।
अपनी धोती भले फटी है पर न चिंता उसको है,
पैंट शर्ट कम बेटे को है इसकी चिंता उसको है ।
सोता जब पत्नी से कहता रखना तुम रामू का ध्यान,
इसके ही भविष्य पर निर्भर मेरी इज्जत मेरी शान।
जिस दिन अफसर बन आयेगा हो जाऊँगा धन्य मैं आप।।
कलयुग में प्रत्यक्ष देव हैं।।

55. गणेश-वंदना

हे गणपति गणेश गजवदना लम्बोदर एकदन्त।
बिघ्नेश्वर गौरी-सुत मेरे करो विघ्न का अन्त॥

बुद्धि ज्ञान के दाता हो तुम शठता के संहारक,
अपने भक्तों सेवक के प्रभु पालक औ उद्धारक।
कोई भी शुभ कार्य आपकी पूजा से फलता है,
जो करता अनदेखी सारे जीवन कर मलता हैं।
सकल देव के पूज्य गजानन सच में आप हैं संत॥
बिघ्नेश्वर गौरी-सुत मेरे करो विघ्न का अन्त॥

धन्य हो गईं गौरी माँ पा तुम-सा ज्ञानी लाल,
महादेव का किया आपने सदा उच्च है भाल।
मोदक इक्षु तुम्हें अति प्रिय है हे गज-वदन विनायक,
भक्षक हे कपित्थ जामुन के कर में धारे सायक।
मूषक का उद्धार कर दिया हो सवार बलवंत॥
बिघ्नेश्वर गौरी-सुत मेरे करो विघ्न का अन्त॥

रिद्धि-सिद्धि संग जहाँ विराजे पावन हुई धरा,
जो तन-मन-धन अर्पन करता छूती नहीं जरा।
लेखक भाग्य वृकोदर तुम ही सतपथ निर्देशक,
मात-पिता से बड़ा न कोई जन मन उपदेशक।
तेरा लेते नाम है होता दुःख दरिद्रता अन्त॥
बिघ्नेश्वर गौरी-सुत मेरे करो विघ्न का अन्त॥

56. शिव ही हैं जग के आधार

न धन-वैभव न शिक्षा-बल राजनीति ना ही व्यापार।
शिव ही हैं जग के आधार।।

शिव से ही कल्याण जगत का और प्रकृति की सुंदरता,
शिव से तन की सब गतिविधियाँ शिव से मन की समरसता।
शिव ही एक सत्य है जग का बाकी सब बेकार।।
शिव ही हैं जग के आधार।।

होता सृजन प्रलय ही शिव से वे ही सृष्टि मूक वक्ता,
उनकी ही इच्छा से चलती देव ईश तक की सत्ता।
वे ही पालनहार सभी के वे करते संहार।।
शिव ही हैं जग के आधार।।

पंक्षी के कलरव में शिव हैं हिरना शावक की कुलांच में,
शीत भरी बर्फीली घाटी शिव हैं दहके अनल आंच में।
बच्चों की मुस्कानों में घुस शंभु लुटाते प्यार।।
शिव ही हैं जग के आधार।।

शिव प्रसन्न औषधि लगती है और दुआ करती है काम,
पड़ न किसी भरम में वंदे ले शिव हर पल नाम।
जिस पर शिव का स्नेह बरसता झुकता है संसार।।
शिव ही हैं जग के आधार।।

सूखे तरु में भी पल्लव आ सकता जो शिव चाहें,
जीवन के नैरास्य तिमिर में भी मिल जाती राहें।
शिव से बड़ा न कोई धन है पगले रक्ख संभार।।
शिव ही हैं जग के आधार।।

57. शिव-शिव बोल ज्ञान-पट खोल

जाने नर तन मिले-मिले न, व्यर्थ गंवा न इसको डोल।
शिव-शिव बोल ज्ञान पट खोल।।

क्या कर्तव्य तुम्हारा समझो अहं तृषा में पड़ो नहीं,
नश्वर सारहीन बातों हित तुम अपनों से लड़ो नहीं।
एक नियंता पालक जग का कर तन अर्पण उसे अमोल।।
शिव-शिव बोल ज्ञान पट खोल।।

धन संतोष ग्रहण करने की कोशिश करो निशा वासर ,
यही तुम्हे ले जा सकता है हितकर निष्कंटक पथ पर।
हर-हर महादेव की मिसिरी पियो नीर श्रद्धा में घोल।।
शिव-शिव बोल ज्ञान पट खोल।।

शिव कल्याण शांति संतुष्टी प्रभू मिलन की सीढ़ी,
गंगाधर भागीरथ तारे पितर अनगिनत पीढ़ी।
अपने अन्दर शुप्त योग तप को नर श्रेष्ठ टटोल।।
शिव-शिव बोल ज्ञान पट खोल।।

आते मुट्ठी खुली धरा पर खुली ही हैं जाते,
तब क्यों न मूरख तू रखता भोले से नाते।
वे प्रलयंकर शशिशेखर हैं न हल्के में तोल।।
शिव-शिव बोल ज्ञान पट खोल।।

होते शमित त्रिताप सिर्फ कह देने से भोले,
आया जो भी शरण शम्भु ने भव बन्धन खोले।
शिव जब तक चाहेगा तेरी बजेगी जीवन-ढोल।।
शिव-शिव बोल ज्ञान पट खोल।।

58. माँ वसुन्धरे

पड़ी जरूरत अगर कभी तो जान तुझे दे देंगे।
दिया बहुत-कुछ तुमने हमको माँ वसुन्धरे।।

प्राणवायु जल अन्न और फल क्या-क्या नहीं दिया,
बदले में स्वारथी मनुज ने तुझे न ध्यान दिया।
छाया फल देने वाले तरु काटे हरे-भरे।।
दिया बहुत-कुछ तुमने हमको माँ वसुन्धरे।।

तेरे ऊपर शौच किए बोरिंग की, खोदे गड्ढे,
नीव खोदकर मिलें बनाईं और चलाये भट्ठे।
जिसने स्नेह लुटाया उस पर छोड़े कूड़े-कचरे।।
दिया बहुत-कुछ तुमने हमको माँ वसुन्धरे।।

चंदन शीशम आम नीम का दिया सहस उपहार,
इतने फूल बेल फल बांटे अचरज में संसार।
फिर भी खुद को कहे अभागा यह कैसे नखरे।।
दिया बहुत-कुछ तुमने हमको माँ वसुन्धरे।।

तेरे तालों झरनों में है प्रीति तुम्हारी बहती,
खुशी रहे संतान हमारी हर लहरें हैं कहती।
सीप मछलियाँ घोंघे कछुए तेरी तान भरे।।
दिया बहुत-कुछ तुमने हमको माँ वसुन्धरे।।

माँ तेरा उपकार अनगिनत कितना कहें गिनायें,
इतने जीवों की तू माता किस मुख भला बतायें।
इस जीवन पर ऋण है तेरा कैसे माँ उतरे।।
दिया बहुत-कुछ तुमने हमको माँ वसुन्धरे।।

59. शिव की शक्ति अपार

शिव की शक्ति अपार प्यार से जाते हार।।
जिसने छेड़ा राख हो गया,
जिसने पूजा दाख हो गया
जिसने ध्यान लगाया उसका हुआ है बेड़ापार।।
प्यार से जाते हार।।

बेलपत्र से खुश हो जाते,
मुंह माँगा वरदान लुटाते।
वे भक्तों की जीवन नइया के असली पतवार।।
प्यार से जाते हार।।

भांग-धतूरा तुझसे पूजित,
शमी मंदार हुए हैं अर्चित।
श्रद्धा से जो शीश झुकाता भव से होता पार।।
प्यार से जाते हार।।

सोमनाथ छवि अद्भुत तेरी ,
ओंकारेश्वर छटा बिखेरी।
उज्जैनी में महाकाल हे घृष्णेश्वर सरकार।।
प्यार से जाते हार।।

झुकता शीश मल्लिकार्जुन सुन,
काशी विश्वनाथ हर अवगुन।
रामेश्वर नागेश्वर तेरी महिमा अपरम्पार।।
प्यार से जाते हार।।

ओंकारेश्वर और त्र्यम्बकेश्वर स्वामी,
बैद्यनाथ केदारनाथ अंतर्यामी।
बूढ़ेश्वर असवार बैल के करो मेरा उद्धार।।
प्यार से जाते हार।।

60. जाहिल पाक

किए जा रहा बक-बक कब से दिल मुख चिंतन का काला।
पाक पड़ोसी है साला।।

सैंतालिस से आज तलक खुरपेंच कर रहा सीमा पर,
इसका तनिक ध्यान न उसको रहे नागरिक भूँखों मर।
कर्जा ले कर रहा इकट्ठा सिर्फ मौत का ही सामान,
जब भी पड़ जाता है ठंडा देता अमरीका भर कान।
है कश्मीर हमारा जपता हर बैठक सम्मेलन माला।।
पाक पड़ोसी है साला।।

अभी कच्छ समझौता स्याही सूख न पायी कागज पर,
पाँच हजार मुजाहिद लेकर धावा बोला भारत भू पर।
यह सन् पैंसठ बात पाक की ओछी चाल,
हाजीपीर पुंछ दर्रे पर किए जवां भारत मुँह लाल।
असफल आप्रेशन जिब्राल्टर भारत वीरों ने कर डाला।।
पाक पड़ोसी है साला।।

थी योजना चेनाव किनारे जम्बू राजमार्ग पर बढ़ना,
मगर इंडियन एयरफोर्स ने शुरू कर दिया छाती चढ़ना।
ट्रेबर कीलर ने सेबरजेट पाकिस्तानी मार गिराया,
जिससे पाक जमीं सेना का एक-एक सैनिक थर्राया।
हुक्म इमामे पीछे लौटो कूद-फांद पर्वत नाला।।
पाक पड़ोसी है साला।।

सन् इकहत्तर पाक पूर्वी में नृशंस हत्या करवायी,
सत्ता-हित अपनी सेना से अपनी ही जनता कटवायी।
करने पर विरोध भारत के आँख तरेरी औ गुर्राया,

लेकिन जनरल मानेक शॉ ने अपनी भाषा में समझाया।
धर कनपटी नाल पिस्टल की दिया खोल बुद्धि का ताला।।
पाक पड़ोसी है साला।।

मुक्तिवाहिनी साथ निभाकर किए पाक के दो टुकड़े,
जन्म बांग्लादेश हो गया खत्म हुए सारे बखड़े।
यही पीर सालती उसे है जब-जब पुरवइया चलती,
भारत हो कमजोर किस तरह नित योजना नई पलती।
भय पैदा करने को ही जाहिल ने आतंकी पाला।।
पाक पड़ोसी है साला।।

61. जिन्ना तैने गजब पटाया

पकड़ा हाथ धर्म का खंजर दो टुकड़े है देश कराया।
जिन्ना तैने है बुड्ढे को गजब पटाया।।

जब तक रहा देश गोरों से लड़ता लगा जान की बाजी,
तब तक दुबके रहे बिलों में सारे मुल्ले सारे काजी।
मिली अजादी जब तो आये जाने कहाँ से उतरा सब,
एक ताल सुर बोल अजानी पी. एम. मेरा चाहे रब।
चकराया गुजराती भेजा बिगड़ न जाये काम बनाया।।
जिन्ना तैने है बुड्ढे को गजब पटाया।।

दी विभिन्न पद मंत्री लालच फिर भी बना न कोई काम
तब ले लिया फैसला ऐसा जिसका भुगत रहे अंजाम।
धर्म नाम दो खण्ड कर दिया दूजा पाकिस्तान हुआ,
मिली मात दुश्मनी तबाही ऐसा खेला गया जुआ।
हठधर्मिता सफल हो निकली फिसली राष्ट्रभक्ति काया।।
जिन्ना तैने है बुड्ढे को गजब पटाया।।

एक नेहरू की कुर्सी खातिर व्यर्थ गयी सारी कुर्बानी,
जाने ऐसी क्या मजूबरी गये निगल मक्खी बिन पानी।
जब बंटवारा धर्माधारित क्यों न हिन्दू-राष्ट्र बना,
हुआ धर्मनिर्पेक्ष भला क्यों चूर मुखर्जी का सपना।
सिर्फ आश मुर्मू मोदी से सारा भारत है अब लाया।।
जिन्ना तैने है बुड्ढे को गजब पटाया।।

अब भी बुड्ढे का वह चिंतन कुछ के सिर चढ़ बोल रहा,
हिंदुवाद चिंतनधारा में जहर विधर्मी घोल रहा।
और न जाय देश हो टुकड़े राष्ट्रवादियों सजग रहो,
राष्ट्रधर्म से न समझौता कोई होगा निडर कहो।
जिसे सनातन संस्कृति प्यारी वह ठहरे भारत माँ छाया।।
जिन्ना तैने है बुड्ढे को गजब पटाया।।

62. अंधे थे धृतराष्ट्र संग सब

सभी सयाने महारथी पर चढ़ी अहं की चित्त केचुली।
अंधे थे धृतराष्ट्र जन्म से पर थी किसकी आँख खुली।।

तार-तार हो रही लाज थी जब घर बहू द्रोपदी की,
भीष्म द्रोण औ कर्ण कर रहे क्या कोई बतलायेगा।
कहाँ गई थी इनकी ताकत कुल मर्यादा रक्षा प्रण ,
अबला चीख सुन गये कैसे क्या कोई समझायेगा।
गजब वीरता दिखलायी कुरुपुत्रों ने अपनी खुलकर,
राजवधू का केश पकड़कर महफिल में ला खड़ा किया
रक्त महारथियों का कैसे पानी हुआ उबाल न मारा,
कैसे धर्मराज चुप अर्जुन भीम नकुल का शांत हिया।
होते कृष्ण न निश्चित जाती पांचाली की लाज चली।।
अंधे थे धृतराष्ट्र जन्म से पर थी किसकी आँख खुली।।

सात-सात जब महारथी न रोक सके अभिमन्यू को,
तोड़ी चक्रव्यूह की रचना तहस नहस सब कर डाला।
रोक द्वार पर ही पाण्डव को किया अकेला उसे समर,
जयद्रथ की यह तुच्छ चाल थी लगे बरसने सर भाला।
हुए निहत्थे अर्जुन सुत ने रथ का पहिया हाथ लिया,
एक अकेले सात महारथियों से जमकर युद्ध किया।
जयद्रथ ने पीछे से मारी गदा फट गयी रक्त नली।।
अंधे थे धृतराष्ट्र जन्म से पर थी किसकी आँख खुली।।

सात नपुंसक योद्धाओं ने एक बालक का वध करके,
सारे युद्ध नियम संस्कृति को तोड़ कलंकित युद्ध किया।
दावत दे दी महाप्रलय को मांसाहारी जीवों को,
पाण्डु महल उजियारा देनेवाला दीपक बुझा दिया।

कौन बतायेगा ये योद्धा अंधे थे या दृगवाले,
अगर आँख थी क्यों न देखा बालक एक सात हम हैं।
गुरु द्रोणा कुलभक्ति कहाँ थी कहा भीष्म का अनुशासन,
क्यों न बोले एक एक ही लड़े अगर तन में दम हैं।
सूनी द्रुपदसुता की गोदी गयी मनुजता मृत्यु छली।।
अंधे थे धृतराष्ट्र जन्म से पर थी किसकी आँख खुली।।

63. कहाँ थे अब तक रामलला

मंदिर किये विधर्मी दूषित संतों दबा गला।
कहाँ थे अब तक रामलला।।

पंद्रह सौ सत्ताइस में बाबर की आज्ञा पाकर,
सेनापती मीर बाकी मंदिर ढहवाया जाकर।
खोदी गई न नींव मगर मस्जिद हो गयी तैयार।
संतों की गर्दन पर हरदम चली मुगल तलवार।
बही रक्त की धार मगर न पापी दिल पिघला।।
कहाँ थे अब तक रामलला।।

तोड़ गुम्बदें मंदिर जोड़ी गई जुल्म मीनार।
ऐसे खून सने गारे से मस्जिद हुई तैयार।
नाम बाबरी मस्जिद देकर होने लगी नमाज,
और विधर्मी बाबर को न तनिक भी आई लाज।
कट्टरता सहिष्णु हिन्दू को ऐसे था मसला।।
कहाँ थे अब तक रामलला।।

इतना हो जाने पर भी न विचलित भक्त हुए,
रामलला को बगल बिठाकर पूजा शुरू किए।
था उनको विश्वास राम जी हैं ले रहे परीक्षा,
मस्जिद उस दिन ढह जायेगी जब होगी प्रभु-इच्छा।
उनके विश्वासों के ही बल यह संघर्ष टला।।
कहाँ थे अब तक रामलला।।

मुगल तुर्क तो रहे विदेशी अपने भी न छोड़े,
सपा कांग्रेस ने अटकाये मंदिर पथ में रोड़े।
कारसेवकों पर चलवायी अधाधुंध थी गोली,

हुई अयोध्या खूँ से लथपथ डिगी भक्त न टोली।
यू.पी. बदल गई जेलों में सत्ता मद दहला।।
कहाँ थे अब तक रामलला।।

बान्नवे उन्नीस दिसम्बर छः की पावन बेला,
हुई धड़ाम बाबरी मस्जिद भक्त कर गये खेला।
दक्षिणपंथी युवा शक्ति ने अपना रूप दिखाया,
मंदिर तोड़ बनी मस्जिद का काला दाग मिटाया।
दिव्य राम-मंदिर निहार अब भक्त हृदय उछला।।
कहाँ थे अब तक रामलला।।

64. जीवन-अर्घ्य चढ़ाऊँगा

कसम आपकी मातृभूमि हे ! कभी नहीं घबड़ाऊँगा ,
तेरी रक्षा में मैं अपना जीवन-अर्घ्य चढ़ाऊँगा।

जब भी कोई करेगा कोशिश करने का अपमान तेरा,
पछतायेगा पूरे जीवन उठेगा उस पर हाथ मेरा।

तेरे अन्न वायु-जल का माँ है मेरे ऊपर एहसान,
मैं न कभी भूल सकता हूँ नेता नहीं मैं एक जवान।

जो व्रत लिया निभाने खातिर किसी भी हद तक जाऊँगा,
जीते जी धर पांव कोई दे तुझ पर न सह पाऊँगा।

मैं दुष्यन्त पूत शेरों के बच्चों से खेला करता,
कभी नहीं विपदा आने पर अपने मन में हूँ डरता।

मेरे सिर पर हाथ रहे बस मैं खेदूँगा सरहद से,
कोई भाग नहीं सकता है मेरी गोली की जद से।

अभिनंदन-सी कोई परीक्षा देने को तैयार हूँ माँ,
माँ का लाल बिरन बहना का दुश्मन को हथियार हूँ माँ।

हर एक बूँद खून की मेरे और पसीना बहेगा तुझ पर,
कभी नहीं डिगने मैं दूँगा करता देश यकीं जो मुझ पर।

बेटे रहते आँख दिखा दे कोई माँ को तो धिक्कार,
उसका आंचल कर दे गंदा कोई ये न है स्वीकार।

इसीलिए सिर बाँध कफन हम करते भू की रखवाली,
जिससे डाल सके न दुश्मन अपनी कभी दृष्टि काली।

फांसी चढ़े भगतसिंह हंसते इसे अजाद कराने को,
बटुकेश्वर अशफाक लाहिड़ी हुए शहीद बचाने को।

चन्द्रशेखर आजाद लड़े अंग्रेजों से खाये कोड़े,
लेकिन कभी न आजादी को उठा पैर लक्ष्य मोड़े।

65. धड़कन बढ़ा दिया

मुस्का करके तुमने मेरी धड़कन बढ़ा दिया।
यह क्या तुमने प्रीति का मन में दीपक जला दिया।।
आते ही सामने ठिठकना हल्का शर्माना,
पड़ते नजर अचानक तेरा पल्लू गिर जाना।
एक-एक पंखुड़ी फूल की तोड़ फेंकना नीचे,
आँखों से न जाने क्या-क्या तेरा बतियाना।
छम्म-छम्म कर तेरा चलना हलचल मचा दिया।।
मुस्का करके तुमने मेरी धड़कन बढ़ा दिया।

उड़ते केश ठहरकर मुख का हैं लेते चुम्बन,
पड़ती जब सामने अचानक कंप जाता दर्पन।
चलता पवन छेड़ता तुझको बार-बार पथ में,
नयनों से घुस रूप तुम्हारा करता उर कम्पन।
देख तेरी अंगड़ाई चातक बोले पिया-पिया।।
मुस्का करके तुमने मेरी धड़कन बढ़ा दिया।

कभी किताब बहाने आना कभी सवाल समझने,
पास बैठ धर हाथ काँध पर लगती कभी चहकने।
हरकत देख तुम्हारी ना माँ शंका में पड़ जाये,
सोच-सोचकर यह उर, मन है मेरा लगा दहकने।
क्या होगा जब पिता से माँ ने कुछ है बता दिया।।
मुस्का करके तुमने मेरी धड़कन बढ़ा दिया।

66. बहस करें क्यों पी. ओ. के. पर

जब पी. ओ. के. भारत का तो उस पर बहस करें हम क्यों।
खुद यह बात पाक को मालूम समझाने पर डटे हैं क्यों।।

सिर्फ रहें सत्ता पर काबिज है विरोध करना पड़ता,
पी. ओ. के. कश्मीर हमारा बीच-बीच कहना पड़ता।
अगर कहा न ऐसा तो सेना सत्ता हथिया लेगी,
देगी ठूस जेल के अन्दर गद्दारी का तमगा देगी।
बेचारे की मजबूरी का भला मजाक उड़ायें हम क्यों।।
जब पी. ओ. के. भारत का तो ......

पूरा विश्व जानता है यह पी. ओ. के. भारतभूमी,
सिर्फ शांतिप्रियता दिखलाने उधर न सेना है घूमी।
लेकिन पाक समझ बैठा है यह भारत की कमजोरी,
इसीलिए अब उसे मिलाना भारत में है मजबूरी।
यह सब काम वीर सेना का इस पर तर्क करें हम क्यों।।
जब पी. ओ. के. भारत का तो ......

ऐसे मुद्दे पर हर दल को सदा साथ देना होगा,
पहले देश बाद में दल है यह निर्णय लेना होगा।
इस पर टांग-खिंचाई करना देशद्रोह से न कम है,
अगर रहे मुट्ठी बन कर हम भिड़े कोई किसमे दम है।
सेना का उत्साह बढ़ायें विघटन दिखलायें हम क्यों।।
जब पी. ओ. के. भारत का तो ......

सदा फूट का लाभ उठाया दुश्मन ने इतिहास बताता,
होते जब नरेश सब एकजुट कभी सिकन्दर न घुस पाता।
इससे सबक सीखकर हमको सत्ता साथ निभाना होगा,
पी. ओ. के. पाने की खातिर पक्ष-विपक्ष भुलाना होगा।
है यकीन हल शीघ्र मिलेगा फिर सिर हाथ धरें हम क्यों।।
जब पी. ओ. के. भारत का तो ......

67. हर जगह बैठे लुटेरे

हर जगह बैठे लुटेरे भला इंसा कहाँ जाये।
सभी ने तो मुंह हैं फेरे अपना दुख किससे बताये।।

आ के बँधवाते हैं राखी खा के रक्षा की कसम,
लूटते विश्वास इज्जत करते दागी हैं रसम।
पल रहे मंदिर पड़ोसी सांप से विष उर दबाये।।
हर जगह बैठे लुटेरे।।

विद्या मंदिर तक हुए अभिभावकों के लूट-स्थल,
इससे ज्यादा बात दुख की न किसी की है दखल।
दीन आखिर किस तरह से अपने बच्चों को पढ़ाये।।
हर जगह बैठे लुटेरे।।

कोई कार्यालय न ऐसा घूँस के बिन काम होता,
करें तो किससे शिकायत सत्ता चादर तान सोता।
न्याय तक बिकने लगा अब सब ने परखे आजमाये।।
हर जगह बैठे लुटेरे।।

अब तो पैसा देके पूजन ईश का होने लगा,
चाहो तो दो धन पुलिस को आग सकते हो लगा।
चूक थोड़ी जाय हो भाई तेरा हक हड़प जाये।।
हर जगह बैठे लुटेरे।।

करके अब है आपरेशन सौदा करता है चिकित्सक,
जिसको थे भगवान समझे आज बन बैठा है भक्षक।
ईश्वर तेरे हवाले जग डुबो दे या बचाये।।
हर जगह बैठे लुटेरे।।

रेलवे स्टेशनों पर लूट धंधा पल रहा है,
परेशां यात्री को मानव देके धोखा छल रहा हैं।
दे टिकट फर्जी फंसाता न तनिक है रहम खाये।।
हर जगह बैठे लुटेरे।।

68. वर्षा ऋतु

बरस रहा झम झम पानी, नाच रही वर्षा रानी।
मेढक टर्र-टर्र बोले, सींकर गिरे डाल डोले।

गिरे टप्प काली जामुन, भौंरा बैठ करे गुन-गुन,
खेत हो रही धान रोपायी, लौटे घर परदेशी भाई।

लिए बाल्टी छाता हाथ, भट्ठे से घर को मुस्कात,
कागज नाव बह रही पानी, डाल रहे बच्चे मनमानी।

सावन शिवभक्तों का माह, हर मंदिर में भीड़ अथाह,
कांवरिये बम बोल चले, देख-देख बच्चे उछले।

आया गुड़िया का त्योहार, बहुएं चली पिता के द्वार,
झूला पड़ा नीम की डार, शाम बहे कजरी रसधार।

गायें सखियां बैठ हिंडोला, भाव मुग्ध हो जाये टोला,
कजरी तीज पर्व राखी, वर्षा ऋतु के हैं साक्षी।

जन्म कन्हइया भादौं मास, लोग मनाते भर उल्लास,
वर्षा ऋतुओं की रानी, इस-सा न कोई दानी।।

69. प्रलयंकर जय हो तेरी

हे अविनाशी, भूतनाथ, प्रलयंकर, जय हो तेरी।
सावन में हर शिव धामों में बजी बोल बम भेरी।।

हर-हर, बम-बम, हर-हर, बम-बम गूँज चतुर्दिक होती,
भक्त लूटते तेरे नाम की मुक्तिदायिनी मोती।
कांवरियों का जत्था निकले पहन के जोगिया बाना,
उनके स्वागत में भक्तों ने पथ वितान है ताना।
शिवमय हुई धरा है सारी श्रद्धा देती फेरी।।
हे अविनाशी, भूतनाथ, प्रलयंकर, जय हो तेरी।

काशी विश्वनाथ में शिव का ऐसा बजा नगारा,
जिसका नाद विदेशों तक जा दूर किया भ्रम सारा।
शिव पालक उद्धारक तारक शिव से सृष्टी सारी,
पूरी दुनिया सिर्फ जम्बूरा शिव हैं एक मदारी।
जागो हे! प्रेनेश्वर पशुपति अब न लाओ देरी।।
हे अविनाशी, भूतनाथ, प्रलयंकर, जय हो तेरी।

बैजनाथ हौदेश्वर बम बम ओंकारेश्वर बम लहरी,
रामेश्वरम् बोल बम गूँजे जय शिव महाकाल नगरी।
हुगली में बन तारकेश्वर नन्दलाल अमरत्व दिया,
हुए मार्कण्डेय अमर हैं जिसने शिव का ध्यान किया
मणिमहेश दक्षेश्वर दौड़ो विपति भक्त को घेरी।।
हे अविनाशी, भूतनाथ, प्रलयंकर, जय हो तेरी।

70. ऐ मौत थोड़ी ठहर जा

ऐ मौत थोड़ी ठहर जा रोप लूँ एक नीम बिरवा।
छाँव लेंगे पथिक पंक्षी तो हमें आशीष देंगे।।

सिर्फ यह ही योनि ऐसी जिसमें यह कर पाऊँगा,
ना रुकी तो जाने कितने जन्म तक पछताऊँगा।
हो है सकता देखकर कुछ सीख लें हमसे सहज,
और एक-एक योग से वीरान भू ये जाये सज।
लहलहाते वृक्ष आक्सीजन स्वयं ही रीझ देंगे।।
छाँव लेंगे पथिक, पंक्षी तो हमें आशीष देंगे।।

इन्हीं पेड़ों से मेरी संतान औषधि पायेगी,
फूल फल के लिए न तरसेगी या ललचायेगी।
शहद के छत्ते लगेंगे दोने-पत्तल पर्ण से,
करेंगे कलरव बसेरा विहग अनगिन वर्ण के।
डाल कूकेगी कोयलिया बोल मन को खींच लेंगे।।
छाँव लेंगे पथिक, पंक्षी तो हमें आशीष देंगे।।

डाल झूला नीम-डाली झूलेंगी जब बेटियाँ,
जायेगा हो खुश हमारा मन करेगा शेखियाँ।
शाम बहुएँ छेड़ेंगी मिर्जापुरी कजरी की धुन।
मन-मयूरा नाच उठेगा रसीली तान को सुन।
धन्य हो जायेगा श्रम मजदूर जब विश्राम लेंगे।।
छाँव लेंगे पथिक, पंक्षी तो हमें आशीष देंगे।।

गाय बछड़े थके माँदे रात को ठहरेंगे जब,
लोग चर्चा नाम की निश्चित करेंगे मेरे तब।
भले गाली दे करें पर भावना होगी भली,
रीतियाँ ऐसे ही सद्कर्मों की भू पर हैं चली।
शत्रु भी मेरे किए इस कार्य से कुछ सीख लेंगे।।
छाँव लेंगे पथिक, पंक्षी तो हमें आशीष देंगे।।

71. माँ की आशीष दौलत

आपका आशीष ही दौलत मेरी, माँ इसे खोना नहीं हूँ चाहता।
देश के पुष्पित चमन में शूल को, मैं कभी बोना नहीं हूँ चाहता।।

आपके स्पर्श पा मैं हूँ किलकता खिलखिलाता,
काम करते नित्य अपने पुलक मन हूँ गुनगुनाता।
अब नयन को आँसुओं से बेवजह यूँ भिगोना माँ नहीं हूँ चाहता।।
माँ इसे खोना नहीं हूँ चाहता।।

गिरि-झरने-सर घाटी की दौलत दी है माँ तुमने,
पोषण हित शुभ माटी की दौलत दी है माँ तुमने
उसमें बनकर आलसी मैं भूल से, कभी भी सोना नहीं हूँ चाहता।।
माँ इसे खोना नहीं हूँ चाहता।।

सोने-चाँदी कोयले की खान दी उपहार धरती,
फलों फूलों वृक्ष औषधि शहद है न्यौछार करती।
हार में रुद्राक्ष के मनके मुकुर स्वार्थ में अपने पिरोना नहीं हूँ चाहता।।
माँ इसे खोना नहीं हूँ चाहता।

ताल पोखर सरित में करते किलोलें जल विहग,
तैरती मछली कमल को देख थम जाते हैं पग।
मनोहारी छोड़ पल को शुष्क क्षण मैं विवश ढोना नहीं हूँ चाहता।।
माँ इसे खोना नहीं हूँ चाहता।।

मुस्कराता स्वर्ग लेता घाटियों में है बसेरा,
देवता भी हैं तरसते प्रकृति सुषमा यूँ बिखेरा।
भेंट यह हे मातृभूमी आपकी कभी भी खोना नहीं हूँ चाहता।।
माँ इसे खोना नहीं हूँ चाहता।।

72. मेरे वतन तुम्हें नमन

मेरे वतन तुम्हें नमन, तुम्हें नमन मेरे वतन।
विश्व का गुरू बने, अक्षि का यही सपन।।
लहलहाते बाग हों तड़ाग नीर से भरे,
राह छांव ले खड़े हों आम नीम तरु हरे।
हो भरे जलधि अगाध सीप शंख औ रतन।।
मेरे वतन तुम्हें नमन।।

भाग्यरेख-सी बहें नदी स्वदेश वक्ष पर,
कालिके करो अभय धरा को शत्रु भक्ष कर।
शस्य श्यामला सिवान देख हों कृषक मगन।।
मेरे वतन तुम्हें नमन।।

दिव्य ले ललाट ठाठ से खड़ा है हिमगिरी,
क्या मजाल जाय घुस कोई भी व्यक्ति बाहरी।
आते ग्रीष्मकाल हैं बुझाने को यहाँ तपन।।
मेरे वतन तुम्हें नमन।।

नाना भाँति के पशु हैं काननों में घूमते,
देवता भी हिन्द भूमि को सप्रेम चूमते।
घाटियाँ निहार के होती स्वर्ग को जलन।।
मेरे वतन तुम्हें नमन।।

ऐसा कोई रत्न फल जो यहाँ मिले नहीं,
ऐसा कोई फूल न जो यहाँ खिले नहीं।
कूकती हैं कोयलें बैठ डाल पर चमन।।
मेरे वतन तुम्हें नमन।।

ऋषि महर्षि की धरा गूँज वेद मंत्र की,
सर्व धर्म सम यहाँ उक्ति लोकतंत्र की।
पाप-शाप को करे सुरसरी त्वरित शमन।।
मेरे वतन तुम्हें नमन।।

मृत्यु से लड़ीं यहाँ पतिव्रता हैं नारियाँ,
छीन यम से प्राण लीं बुद्धि से हैं नारियाँ।
चण्ड-मुण्डनाशिनी छू रहा जगत चरन।।
मेरे वतन तुम्हें नमन।।

73. संस्कार

संस्कार अब धीरे-धीरे लुप्त हो रहा जीवन से।
कौन श्रेष्ठ जन को है गिनता सभी मस्त बहके मन से।।

माता-पिता सामने ही अब बच्चे हुए स्वेच्छाचारी,
उन्हें लग गई पश्चिम देशों की यह खतरनाक बीमारी।
अर्ध्द नग्न ले देह कर रहे सरे आम चुम्मा-चाटी,
ले डूबेगी परमहंस की निश्चित पावन परिपाटी।
हया शर्म न रही आँख में नग्न नारियाँ हैं तन से।।
संस्कार अब धीरे-धीरे लुप्त हो रहा जीवन से।।

पितृ कर्म अब धर्म नहीं उत्सव सा लोग मनाते हैं,
जिसके लिए कर रहे यह सब जिंदा रहे सताते हैं।
जीवित रहते न देते हैं लोग बुजुर्गों को पानी,
मरने बाद जताते ऐसे बड़े संस्कारी दानी।
हम हो रहे दूर मर्यादा संस्कार अनमोल रतन से।।
संस्कार अब धीरे-धीरे लुप्त हो रहा जीवन से।।

उठते प्रात चरण वंदन की संस्कृति जाने कहाँ गई,
गुडमार्निंग मींजते आँखे की यह आयी रीति नई।
कर प्रणाम धरती पर रखना पैर सभी हैं भूल गये,
कैंडिल डिनर बर्थ डे किट्टी के रिवाज आ गये नये।
संस्कार कर रहा पलायन जिसे संभाला बड़े जतन से।।
संस्कार अब धीरे-धीरे लुप्त हो रहा जीवन से।।

जीवन-बंधन की पावन संस्कृति भी दूषित आज हुई,
लोक लाज मर्यादा गायब यह पिछड़ी पहचान भई।
शहनाई की जगह ले लिया दिल के दुश्मन डीजे ने,

फूफा मौसा मामा गायब किया भला क्या जीजे ने।
मुण्डन अन्नप्रास नकछेदन संस्कार खो रहे वतन से।।
संस्कार अब धीरे-धीरे लुप्त हो रहा जीवन से।।

गो माँ का अपमान स्वान सम्मान बढ़ गया आज,
जिसने दूध पिलाया अपना छोड़ न आती लाज।
महिलाओं को कुत्तों के संग रहना अच्छा लगता,
और पालती आया उनका खुद का जन्मा बच्चा।
कब छुटकारा हम पायेंगे संस्कार हो रहे पतन से।।
संस्कार अब धीरे-धीरे लुप्त हो रहा जीवन से।।

74. लाखों शीश झुकायेंगे
(चन्द्रशेखर आजाद)

रचा कुचक्र राजनीति ने अपनों ने की गद्दारी।
शेर चन्द्रशेखर मरवाने की कर डाली तैय्यारी।

जिससे थी कांपती हुकूमत गोरी सत्ता डरती थी,
करने को सामना फिरंगी सेना सदा मुकरती थी।

उसकी हत्या की साजिश की सत्ता दावेदारों ने,
आजादी के दीवानों के दुश्मन कुछ गद्दारों ने।

दो मित्रों से करके सौदा पहले अल्फ्रेड पार्क भेजाया,
और बहाने से एक-एक कर उन्हें वहाँ से दूर पठाया।

बचे शेष चन्द्रशेखर जब तो चारों तरफ पुलिस ने घेरा,
संगीनों से लगी बरसने आग मृत्यु ने किया बसेरा।

राष्ट्रधर्म के हवन कुण्ड में देने को आहुति सांसों की,
हुए सजग आजाद तुरंत स्मरण किया लटकी लाशों की।

लिया सहारा पेड़ निकाली पिस्टल ज्यों दागा उसने,
सहमे गोरे गीदड़ भय से रहा शरीर नहीं वश में।

बीसों संगीनों ने घेरा एक बहादुर को जाकर,
चिंतन था कर रहा तभी एक गोली लगी जांघ आकर।

मुट्ठी में ली मातृभूमि की माटी उसे प्रणाम किया,
शेष बची एक गोली जो थी उसे कनपटी दाग दिया।

गया लुढ़क धरती की गोदी जीते दुश्मन न छू पाया,
उसके ही खूँ की बूँदों ने आजादी का फूल खिलाया।

हे! आजाद तेरी कुर्बानी राष्ट्रभक्त नित गायेंगे,
जहाँ तुम्हारी प्रतिमा होगी लाखों शीश झुकायेंगे।।

75. धन्य त्याग तप तेरा शबरी

भर आई आँखें रघुवर की सुन शबरी की बात।
दशकंधर-वध लक्ष्य न होता ना आते रघुनाथ।।

बोले राम दशानन-वध तो था एक मात्र बहाना।
हमको तो तेरे दर्शन हित कुटिया में था आना।।

उस कपटी को तो मेरा भाई ही मार था सकता।
पर तेरा दर्शन बिन आये मैं कैसे पा सकता।।

तुमने इतने दिवस बिताये पथ अगोरते मेरे।
कैसे जाता भूल इसे मैं ना आता दर तेरे।।

तेरा प्रतिदिन पथ बुहारना उस पर फूल बिछाना।
एक-एक स्मरण बात है मैं कृतघ्न ना काना।।

जब हो जाती शाम न आता मन को थी समझाती।
पर न कभी क्रोध थी करती पूजा को अलसाती।।

कितने सूखे फूल बेर के बीज हैं इसके साक्षी।
लगा भोग बैठी कुटिया में घंटों हंकती माछी।।

कभी-कभी बैठे-बैठे ही सो जाती थी माता।
भला कोई ऐसे अपने स्वामी से प्रीति निभाता।।

आज तेरे अरमान न कोई रहेंगे मात अधूरे।
बिन तेरे बोले ही मैं सब कर डालूँगा पूरे।।

बचपन युवा किशोरावस्था मेरे लिए गंवाया।
तुमने लाज भक्ति की राखी मेरा मान बढ़ाया।।

इतना कह ज्यों छुआ जरा तन हुआ है युवा शरीर।
धन्य त्याग तप तेरा शबरी और धन्य रघुबीर।।

76. माटी के बोल

कोयल की कूक में माटी के बोल
पपिहे की हूक में माटी के बोल।।
केकी के नर्तन में माटी के बोल।
बाला के रूप में माटी के बोल।।
मरघट की भाँय-भाँय माटी के बोल।
मारूत की साँय-साँय माटी के बोल।।
पंक्षी के कलरव में माटी के बोल।
कागा की कांव-कांव माटी के बोल।।
सरिता के कूलों में माटी के बोल।
दीनों के चूल्हों में माटी के बोल।।
श्रमिकों के श्रम में है माटी के बोल।
याद रही भूलों में है माटी के बोल।।
कुम्भकार घट में है माटी के बोल।
कीर झुण्ड रट में है माटी के बोल।।
नीम तले छंइया में माटी के बोल।
गांवों के पनघट में माटी के बोल।।
भगवत भजन में है माटी के बोल।
संत के वचन में है माटी के बोल।।
लोकहित चिंतन में माटी के बोल।
गुरु के चरन में है माटी के बोल।।
सिंह के है चीत्कार माटी के बोल।
है फणीन्द्र फूत्कार माटी के बोल।।
हिरना कुलेल बसे माटी के बोल।
गणिका श्रृंगार में है माटी के बोल।।

77. भरत भ्रात आता होगा

हटा कंट पथ से वनदेवी भरत भ्रात आता होगा।
क्यों माँगा वर मात ने मेरी सोच सिहर जाता होगा।।

गड़ा अगर पग तड़प उठेगा सोच के यह कैसे मैं आया,
रोम-रोम तड़पेगा उसका मेरे कारण यह दिन आया।
धिक्-धिक् है मेरे जीवन को यह कलंक कैसे झेलेगा,
दिया विधाता ने मुझको वन पर वह अपने पर ले लेगा।
घुट-घुट कर काटता क्षणों को पग-पग अश्रु बहाता होगा।।
भरत भ्रात आता होगा।।

यद्यपि बज्र झेल सकता है गिरि उखाड़ सकता है वह,
तूफानों से लड़ सकता है अरु काल पछाड़ है सकता वह।
पर मेरा यह रूप देखकर वह कैसे सह पायेगा,
यही सताती चिंता मुझको कौन उसे समझायेगा।
मुझसे मिलने की आतुरता में न वह कुछ खाता होगा।।
भरत भ्रात आता होगा।।

बोली वनदेवी हे राघव मेरी समझ नहीं है आता ,
जिसके कारण तुम वन आये उसका तुमसे कैसा नाता।
दु:ख देनेवाले के प्रति न ऐसी विह्वलता देखी,
सच में दीन-दयाल आप हैं और दिखाते बस सेखी।
भरत चित्त क्या चलता होगा गुनता स्वयं विधाता होगा।।
भरत भ्रात आता होगा।।

ना समझोगी तुम हे देवी भरत भाँति न भ्रात मही,
जाने कितना अधिक है उससे जितनी हमने बात कही।
माँ कैकेयी तो देवी हैं वत्सलता की सिंधु सजल,

मुझे भेज वन रोती होंगी होगा उनका हृदय विकल।
पर माया को कौन है जाना दे संताप सताता होगा।।
भरत भ्रात आता होगा।।

हे मायापति तेरी माया मेरी समझ नहीं आती है,
तिनके सदृश राजपद छोड़ा दु:ख की रेख न दिखलाती है।
धन्य है रघुकुल धन्य है संस्कृति धन्य वहाँ की है माटी,
धन्य मात पितु कोशलवासी धन्य वहाँ की परिपाटी।
तेरे यश को देवलोक भी हर प्रसंग में गाता होगा।।
भरत भ्रात आता होगा।।

78. चाँदा समर

(नायक लालप्रताप)

(सन् 1857 में जब अंग्रेजी फौज ने प्रतापगढ़ जनपद में प्रवेश किया और जनपद की सभी रियासतों को शरणागत होने का आदेश दिया तब इकलौती कालाकांकर रियासत के युवराज लालप्रताप ने उनकी चुनौती को स्वीकार करके जनपद की सीमा चाँदा, जो वर्तमान में जनपद सुल्तानपुर की सीमा पर है, जाकर अपनी परम्परागत फौज के साथ स्वाभिमान की रक्षा हेतु उनसे युद्ध किया। यद्यपि इतिहास में इस युद्ध की चर्चा बहुत विस्तार से नहीं मिलती, लेकिन लोगों की जुबान पर आज भी जीवंत है। लालप्रताप ने परिणाम की परवाह न करते हुए आजादी की रक्षा हेतु अपना बलिदान दे दिया। उनकी मृत्यु के पश्चात ही अंग्रेजी फौज प्रतापगढ़ जनपद में प्रवेश कर सकी।- अकेला)

दिनकर की आभा नील व्योम थी धीरे-धीरे बिखर रही।
चंदा की लुप्त चाँदनी थी प्राची छवि अद्भुत निखर रही।

बेला सुगंध मिल वायु मंद बिखराती खुशबू राहों में।
भौंरा भूला अपनी सुध बुध सोया पंकज पुट बाहों में

तालों में खिला कमल झूमे छितरायी लाली पानी में।
पग लगा मेहावर धो डाला लगता गोरी नादानी में।

चह-चह करते पंक्षी कलरव मह मह मोगरा बगीचे में।
तितली उड़ बैठ सुमन मुख पर ज्यों रचती चित्र गलीचे में।

हैं गाय दुह रहे सब ग्वाले अपनी अपनी गोशाला में।
मस्जिद में होती है अजान घंटा ध्वनि चर्च शिवाला में।

हँस रही प्रकृति थी चारों दिशि पर हर शय सहमी गोरों से।
आ रही फौज अंग्रेजी है घर-घर चर्चा थी जोरों से।

एक था प्रतापगढ़ जिस पर की उनका न शासन हो पाया।
इस लिए ब्रिटिश शासन नराज धावा बोलो था फरमाया।

धीरे-धीरे गोरी सेना आगे बढ़ना थी शुरू हुई।
पर मन में यह भय भी था कि न यहाँ रियासत छुईमुई।

सूचना भेजाई हर नृप को दासता मेरी स्वीकार करो।
वरना आकर मेरे आगे जानवर सरीखे कटो मरो।

फरमान सुना जब गोरों का कालाकांकर शोला दहका।
भय किया प्रवाहित गंगा में नृप लालप्रताप वदन चहका।

बोले जिनमें पुरुषत्व बचा मेरे संग चलें समरभूमी।
देखा खूँटी का राजवस्त्र ले हाथ आस से असि चूमी।

कुछ ही घंटों के अन्दर ही महलों में हुए इकट्ठा सब।
हौसला बढ़ा बाहें फड़कीं नृप लालप्रताप ने देखा जब।

योद्धा भालों पर तिलक किया क्षत्री कुलबधुओं ने आकर।
जय माँ गंगे कह निकल पड़े सौगंधें भू रक्षा खाकर।

जा रहे मार्ग से जिस जिस वे भारत माता की जय गूँजी।
ले हाथ शीश निकले लड़ने पाने को बस यह ही पूँजी।

हाथों में बल्लम भाले थे पर लगता जैसे तोप लिए।
विश्वास भरा था अपने पर बढ़ रहे उच्च थे भाल किए।

मस्ती में झूम चले पैदल ज्यों चढ़े हों घोड़े काठी पर।
भारत माँ इज्जत रख लेगी विश्वास था उनको लाठी पर।

उनका नायक भी ज्वाल पुञ्ज दीपक बिसेन कुल हरिशावक।
अंगारे जैसी देह सकल था अतुलनीय योद्धा धावक।

छब्बीस वर्ष की आयु अभी चढ़ते सूरज सी आभा थी।
अपनी माँ माटी स्वर्ग उन्हें लगती काशी औ काबा थी।

नारियाँ रास्ते में उनकी कर रहीं आरती वंदन थीं।
उनके पग से निकली धूली भू भक्तों के हित चंदन थी।

थी अचरज भरी निगाहों से माताएं देख रही उनको।
महसूस कर रही थी उनके उर गूँज रही रुद्री धुन को।

बच्चे झुक-झुक करते प्रणाम छू चरण धन्य होते मन में।
मन में भू रक्षा व्रत लेते होती सिहरन उनके तन में।

स्वागत में युवकों की टोली ले पुष्पहार पथ खड़ी हुई।
पर हर निगाह उस राज कुँवर के चेहरे पर थी गड़ी हुई।

वृद्धों ने था आशीष दिया विजयी हो जीतो युद्ध-समर।
पर नहीं पता था यह उनको इतिहास करेगा उन्हें अमर।

पैदल चलकर दो दिन में थे पहुँचे चाँदा की सीमा पर।
थक चुके समर के पहले ही योद्धा ठहरे भीमा के घर।

भीमा ने सबको ठहराया भोजन करवाया भक्ती से।
न डरा तनिक अंग्रेजों से न उनके शासन शक्ती से।

जब पता चला अंग्रेजों को ले सेना अपनी कूच किया।
आते ही धावा बोल दिया निर्दयता में न चूक किया।

एक तरफ सिर्फ लाठी भाले एक तरफ तोप संगीनें थीं।
एक तरफ वीर पहने कमीज दूजे के सीने जीनें हैं।

सिर बाँधे पगड़ी मातृभक्त टोपा गोरों के शीशों पर।
फिर भी भारी पड़ रहे वीर एक गोरे सैनिक बीसों पर।

अंग्रेजों ने खिसियाहट में संगीन चलाना शुरू किया।
पर न घबराया एक वीर रहते प्राणों तक युद्ध किया।

नृप लालप्रताप लिए भाला कितने गोरों को गिरा दिया।
घबराई अंग्रेजी सेना संगीनों का मुख उधर किया।

एक साथ कई गोरे सैनिक झपटे दागी सीने गोली।
जो रक्त बहा उनके तन से बन गया भाल चंदन रोली।

इतना भय था उस वीर लाल का गोरी सेना पर हावी।
मरने पर भी न जी जाये गोलियाँ अनेकों थी दागी।

हो गयी लाल चाँदा भूमी कालाकांकर के शोणित से।
उनमें कुछ बंदा बैरागी सांगले और थे रोहित से।

थी चीख उठी भारत माता लाशें जब देखी लालों की।
थी अदृश ले रही माँ चुम्बन झुक उनके उन्नत भालों की।

जब तक तक लालप्रताप पार्थिव देह रही चाँदा भूमी।
भय से सहमी गोरी सेना छोड़ जगह से न घूमी।

काट शीश टाँग भाले में उसे लखनऊ तक लाये।
दिखा-दिखा अंग्रेजों ने दहशत लोगों में फैलाये।

फिर क्या था अंग्रेजी सेना फैल गयी जनपद भीतर।
हर विभाग पर कब्जा करके उन्हें लिया अपने अन्दर।

जो न माने उनकी बातें हुआ कलम सिर पलकों में।
खबर दहशती आग सरीखी फैली सारे हल्कों में।

बिना शीश धड़ लाये सेवक कालाकांकर राजमहल।
अन्य शहीदों के भी शव को नहलाये ला गंगाजल।

एक साथ अनगिनत चिताएं गंगा घाट जलीं धू-धू।
लालप्रताप अमर हों का रव गूँजा कालाकांकर भू।

तब से आजादी दीवानों की खातिर है आदर्श बना।
कालाकांकर राज घराना यश वितान है व्योम तना।

जली विदेशी वस्त्रों होली सबसे पहले इसी जगह।
गाँधी नेहरू मालवीय जी यश फैलाये यहीं पे रह।

इसकी पावन गाथा अब भी सारा भारत गाता है।
आजादी का इस नृप कुल से जनम-जनम का नाता है।

79. माँ गंगा

सगर पुत्रों का है तुमने किया उद्धार माँ गंगा,
हरिश्चंद भूप को तुमने दिया है तार माँ गंगा।
अलाउद्दीन का तुमने किया संहार माँ गंगा,
अकेला की भी थामों हाथ में पतवार माँ गंगा।।

तेरे तट जो भी आता है झुकाता शीश है अपना,
हैं होती पूर्ण आशाएँ फलित देखा सभी सपना।
तभी तो छोड़कर घरबार सब आते शरण तेरी,
अकेला तू भी माँ गंगे बैठ करके कहीं जप ना।।

तेरे तट पर बसा हरिद्वार पावन धाम है काशी,
गये श्रृंगवेरपुर से पार राघव राम वनवासी।
तेरे कारण हुआ परयाग यशभागी जहां में है,
विंध्याचल गोद में तेरी सभी को पालती माँ सी।।

शरण देती अनाथों को और है काम हाथों को,
क्षमा करती सहज ही माँ पतित की भूल बातों को।
बड़ी हो वत्सला सदया और करुणा भरी गंगे,
सुलाती संग निराश्रित जन भयंकर काली रातों को।।

निकलते प्राण जब परिवार करता बेदखल घर से,
हरे बांसों की शय्या है लेटाता पूत निज कर से।
तो अपने ढांक आंचल से सुला देती हो चिर निद्रा,
हो करती मुक्त जीवन के किसी भी भीत भय डर से।।

80. श्रीराम अयोध्या आयेंगे

मन सुमन सभी खिल जायेंगे।
श्रीराम अयोध्या आयेंगे।।

पथ पूर्ण प्रतीक्षा पल में हो जायेगी धन्य धूल सारी,
उनके दर्शन से कटे पाप हो क्षम्य भूल की नर नारी।
नयना निहार हर्षायेंगे।।
श्रीराम अयोध्या आयेंगे।।

जो हैं दुविधा में पड़े हुए समझो उनकी मति मारी है,
हर साँस अधीन राम के है उनसे ही सृष्टी सारी है।
पर पापी समझ न पायेंगे।।
श्रीराम अयोध्या आयेंगे।।

है दिया दरश शबरी घर जा ऐसे उदार प्रभु राम मेरे,
केवट की पूर्ण प्रतीक्षा कर श्रीराम शीश पर हाथ धरे।
नत शीश मुक्ति सब पायेंगे।।
श्रीराम अयोध्या आयेंगे।।

विश्वास विभीषण ने करके भाई का छोड़ा संग अपने,
है बना सहज ही लंकापति जिसके न देखे थे सपने।
हम भी दर्शन को जायेंगे।।
श्रीराम अयोध्या आयेंगे।।

श्रद्धा ही लाल कोठारी दो प्राणों की न परवाह किये,
हँस करके रामलला के हित दे दिये प्राण न आह किये।
सब शौर्य कथा दुहरायेंगे।।
श्रीराम अयोध्या आयेंगे।।